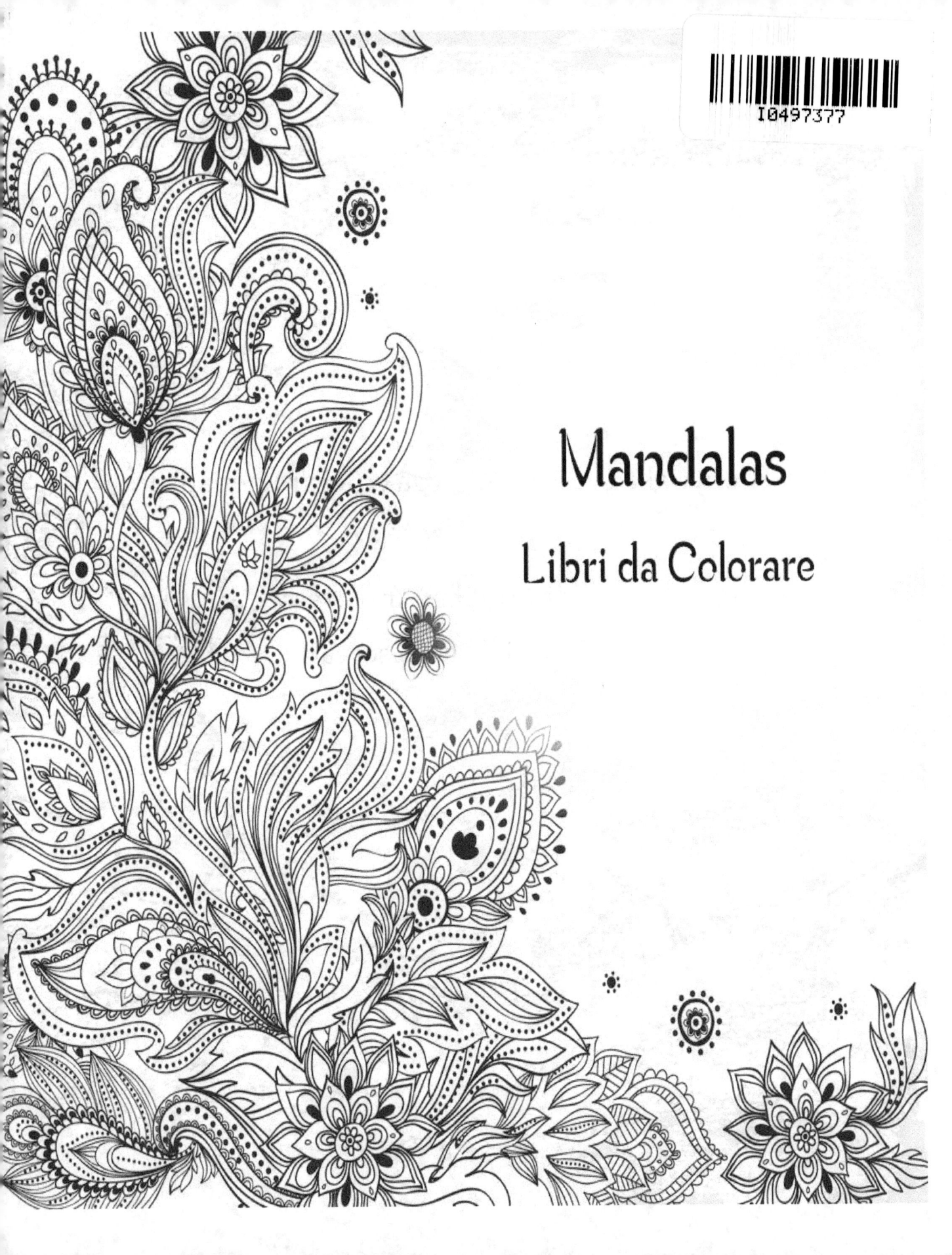

Mandalas

Libri da Colorare

Copyright © 2020, Libro da colorare per adulti

di

Editori Libri Antistress

Tutti i diritti riservati.

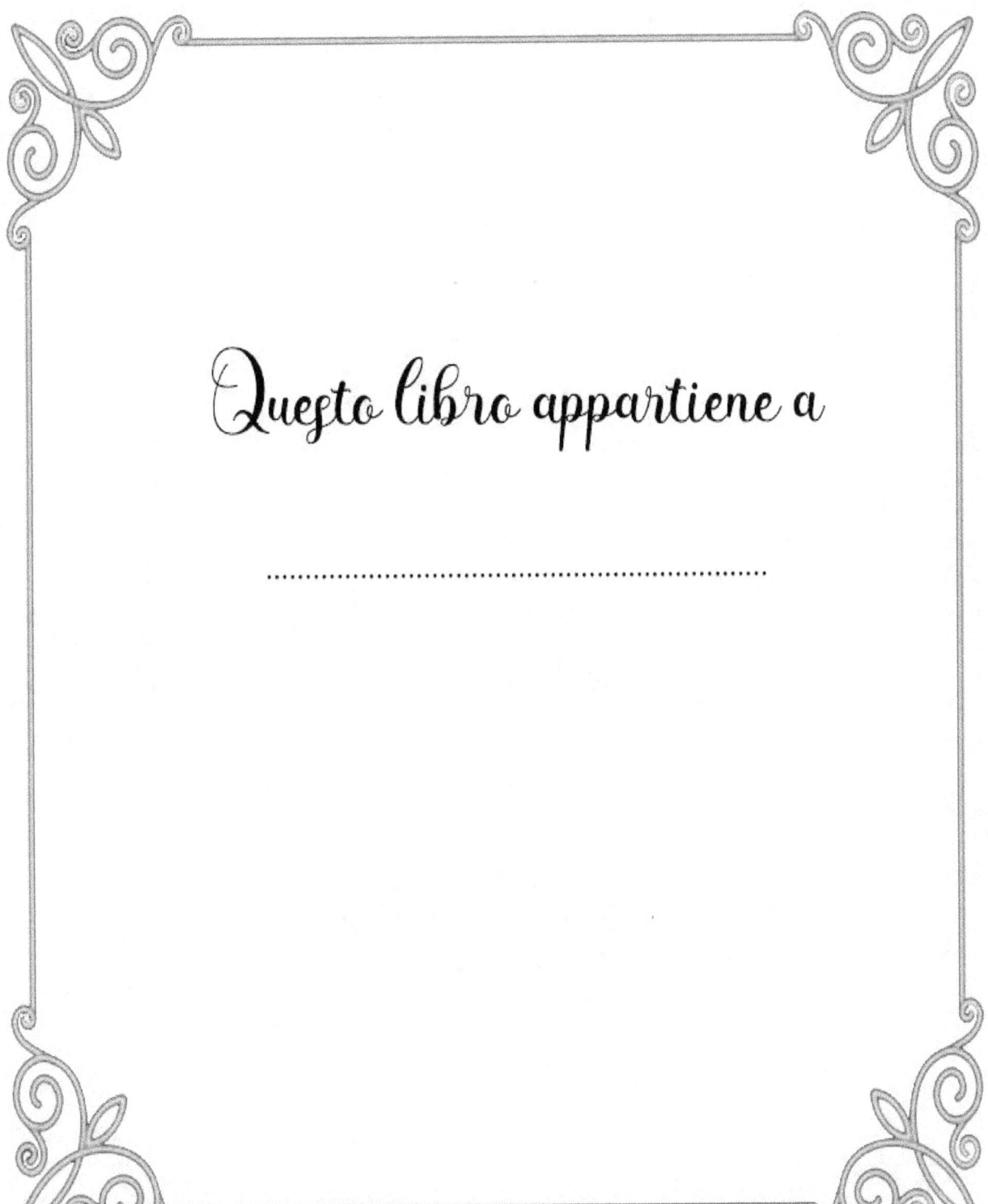

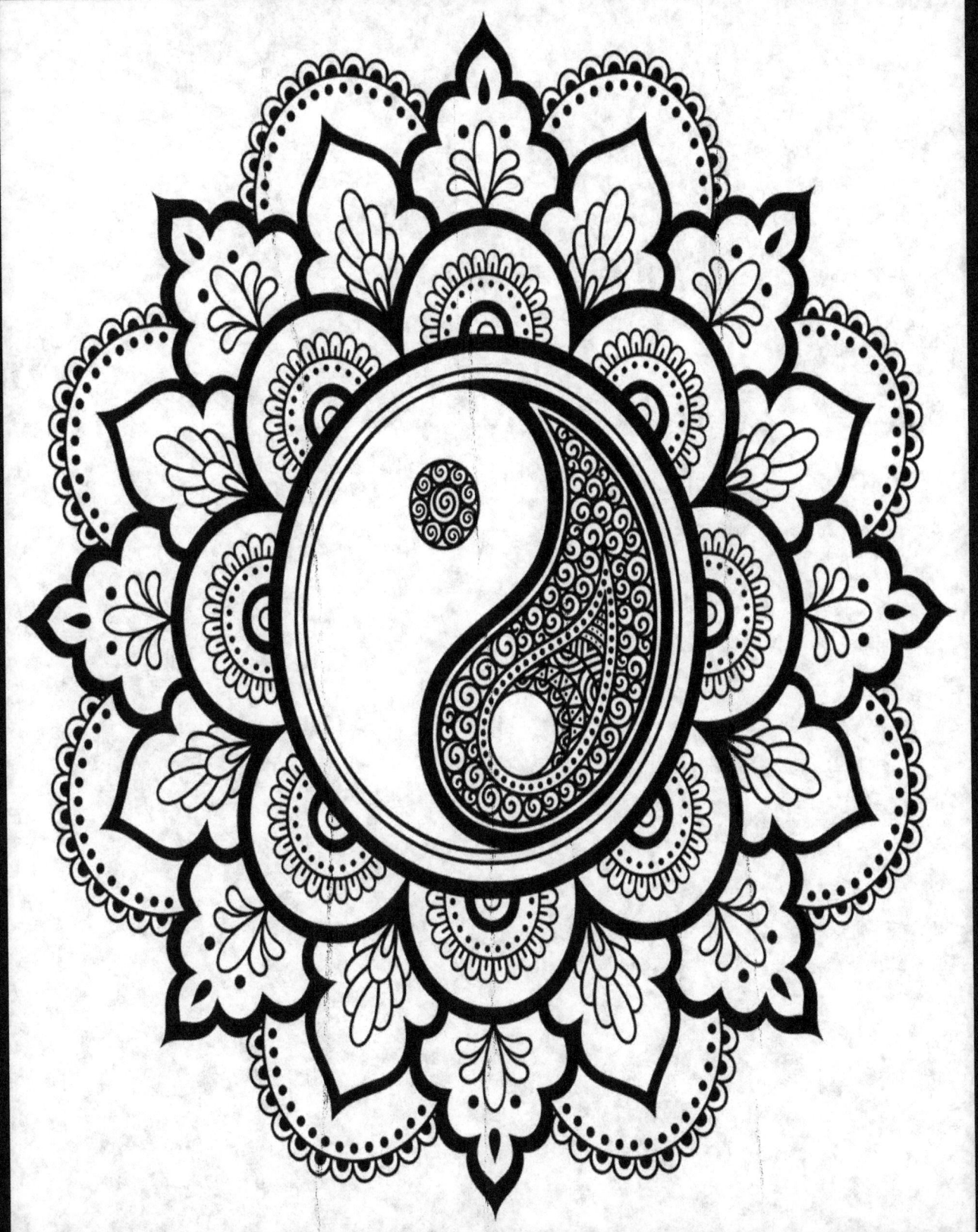

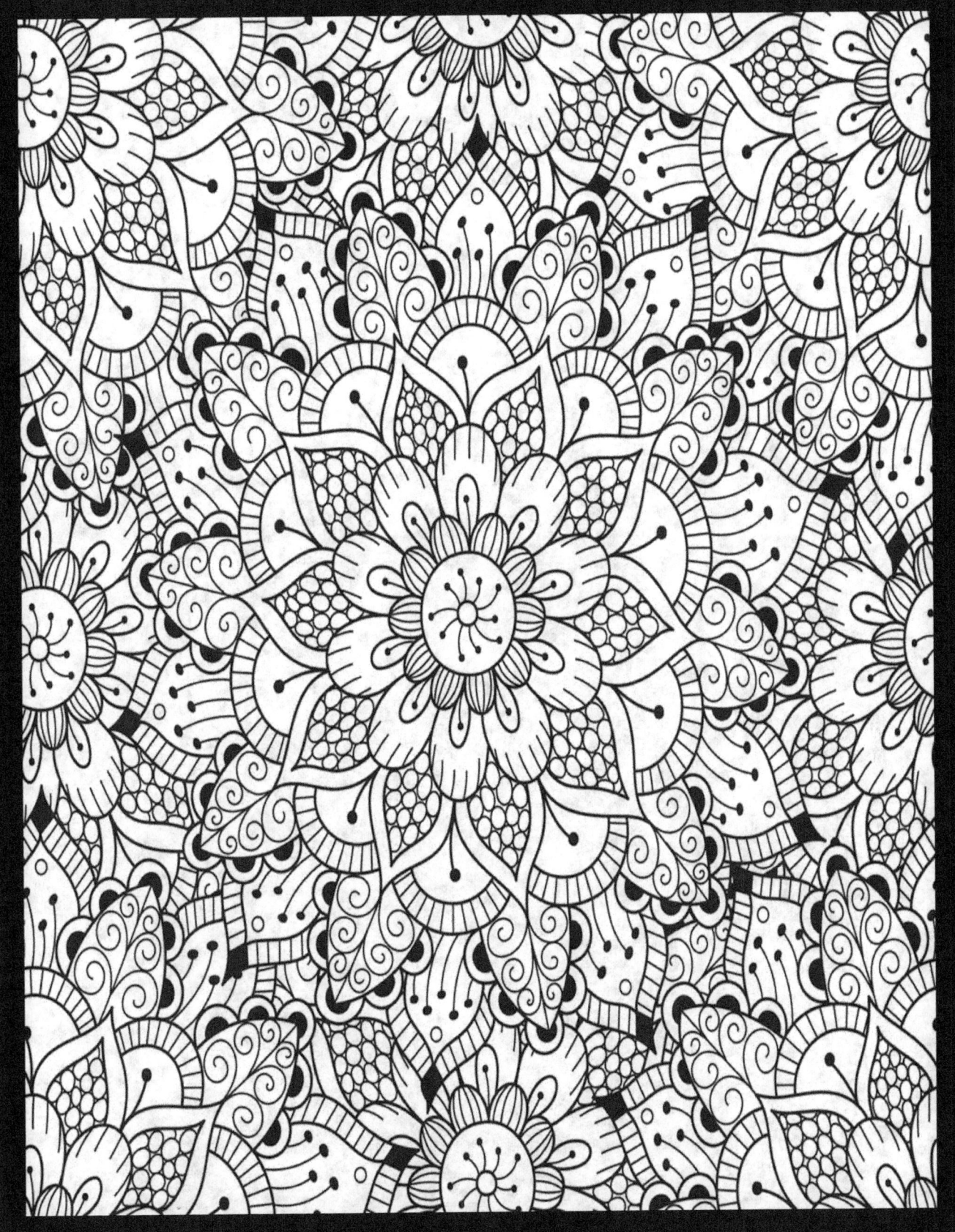

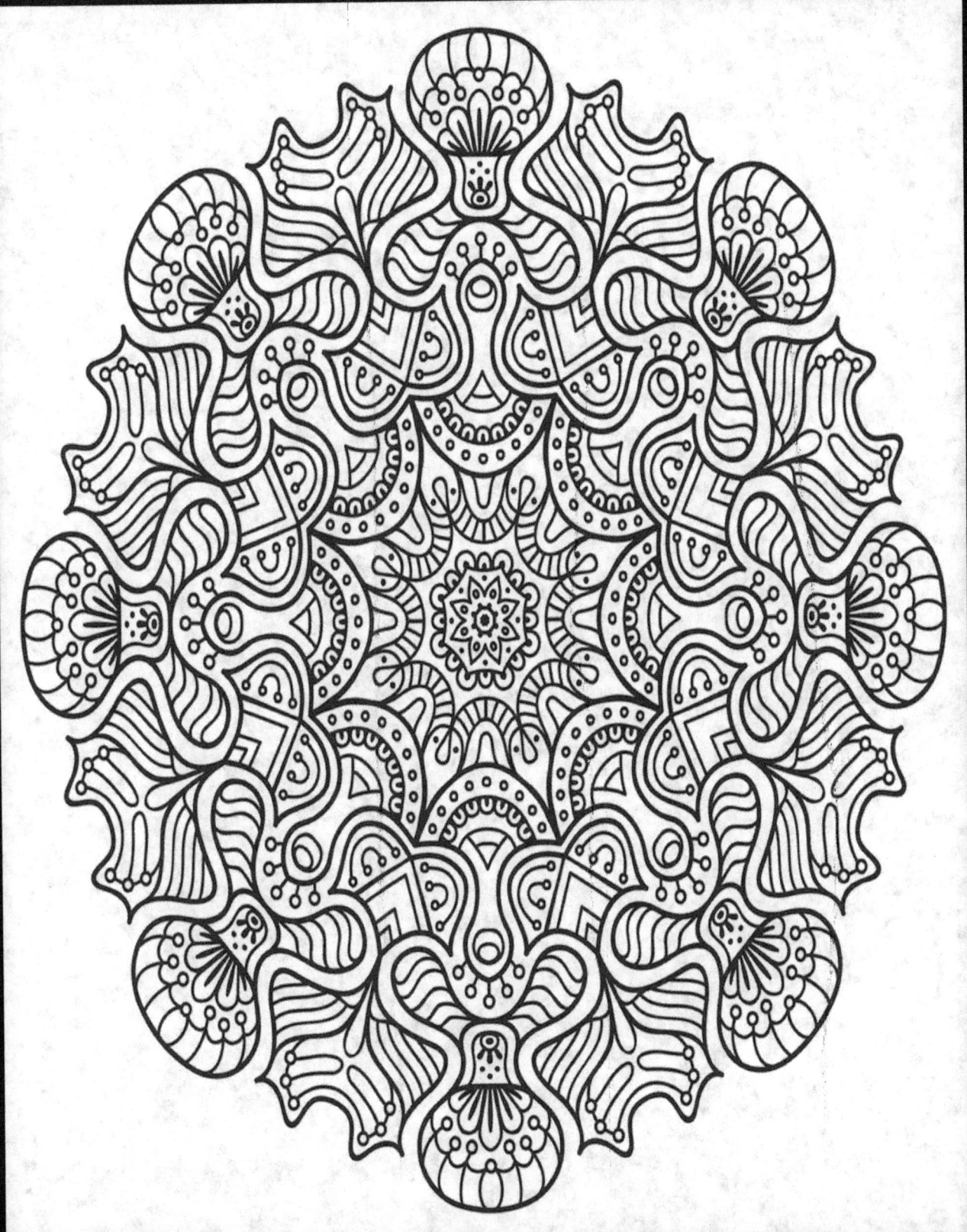

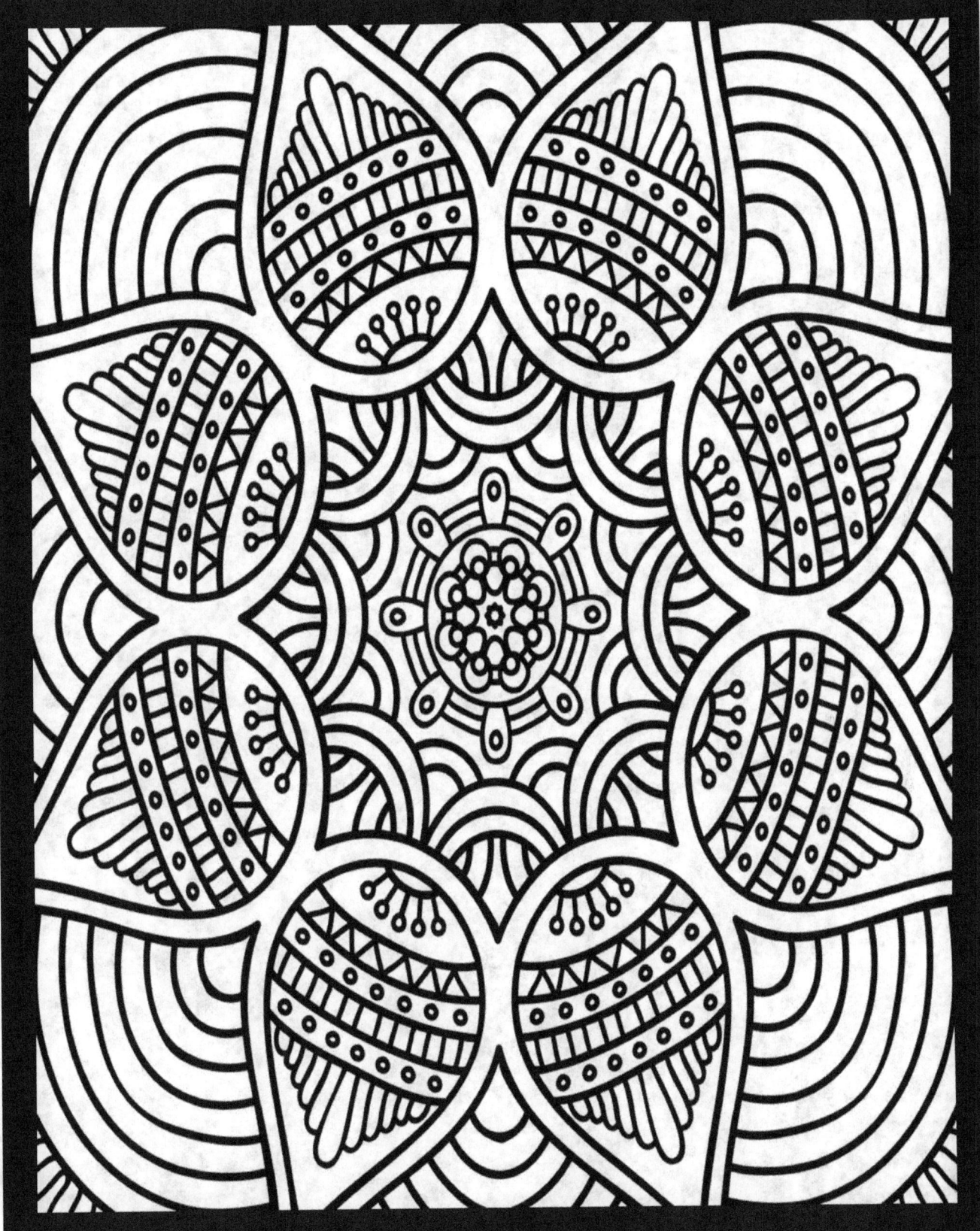

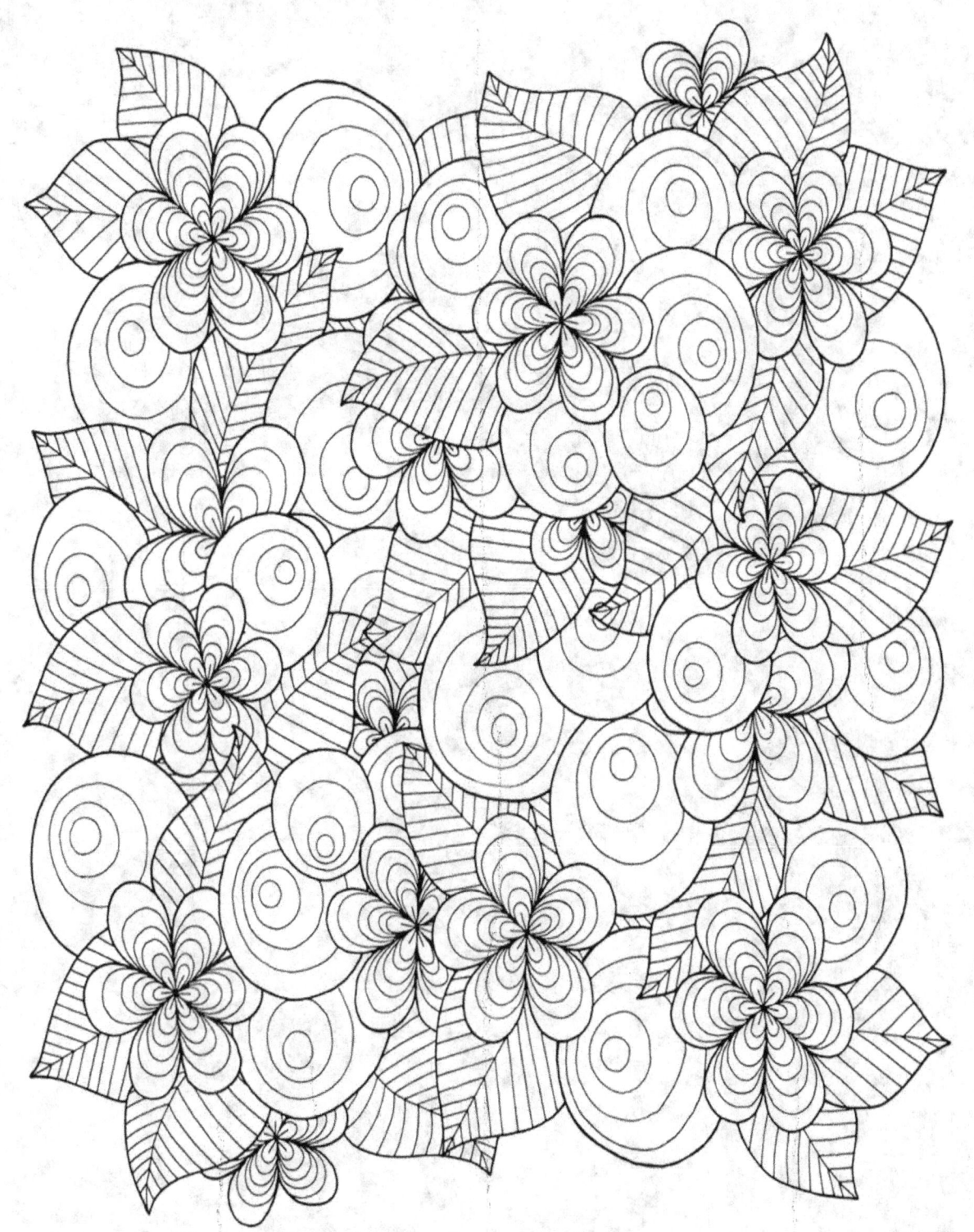

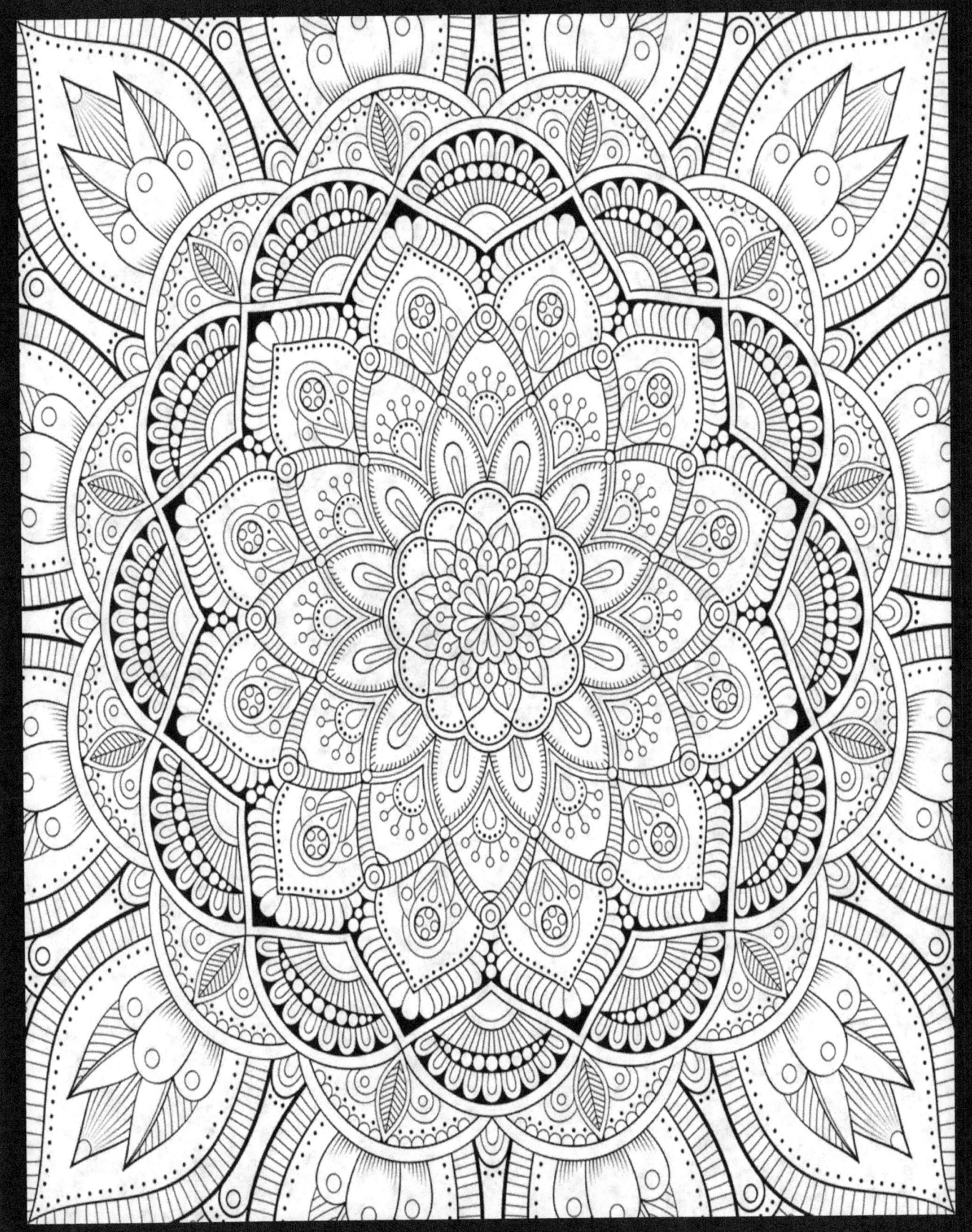

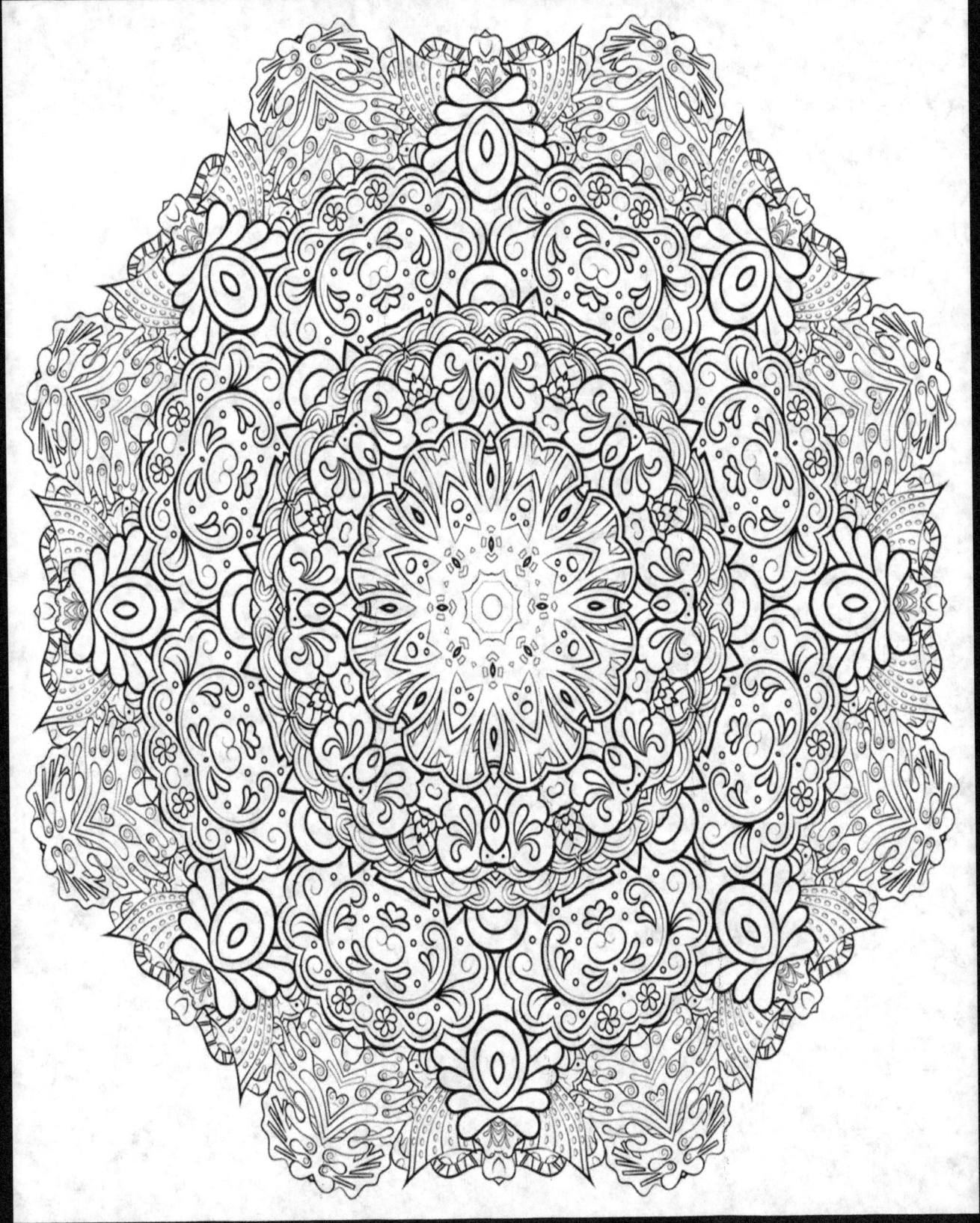

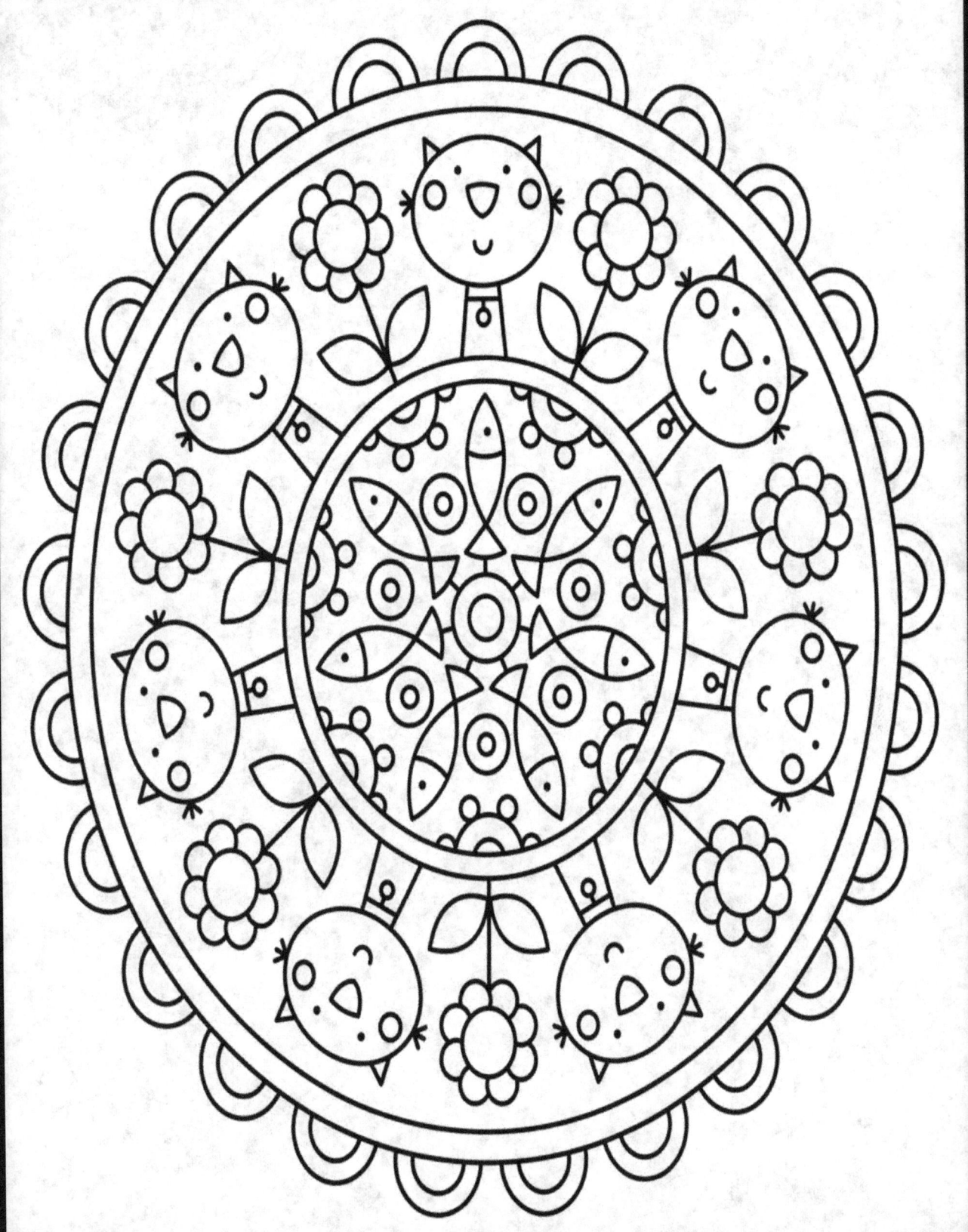

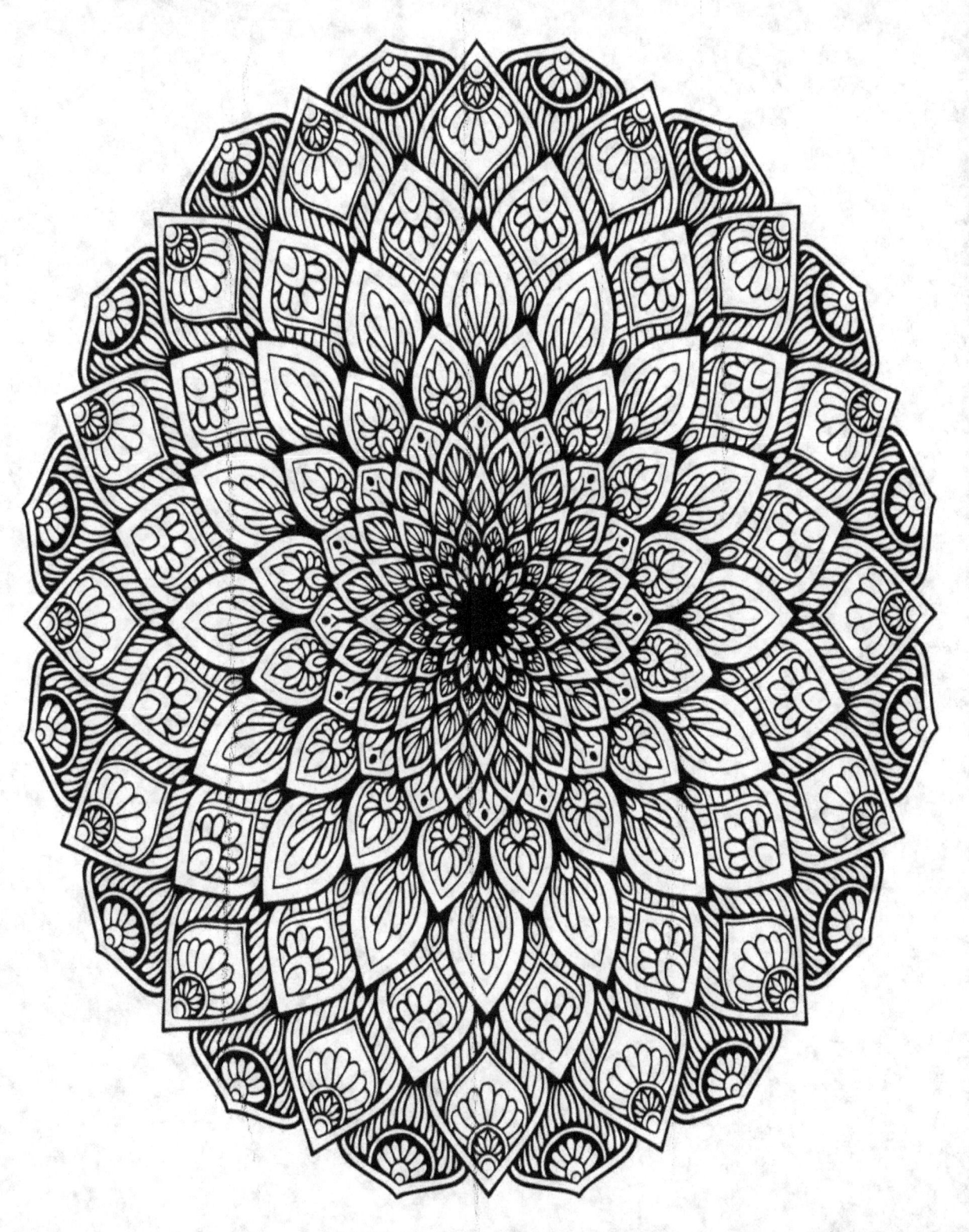

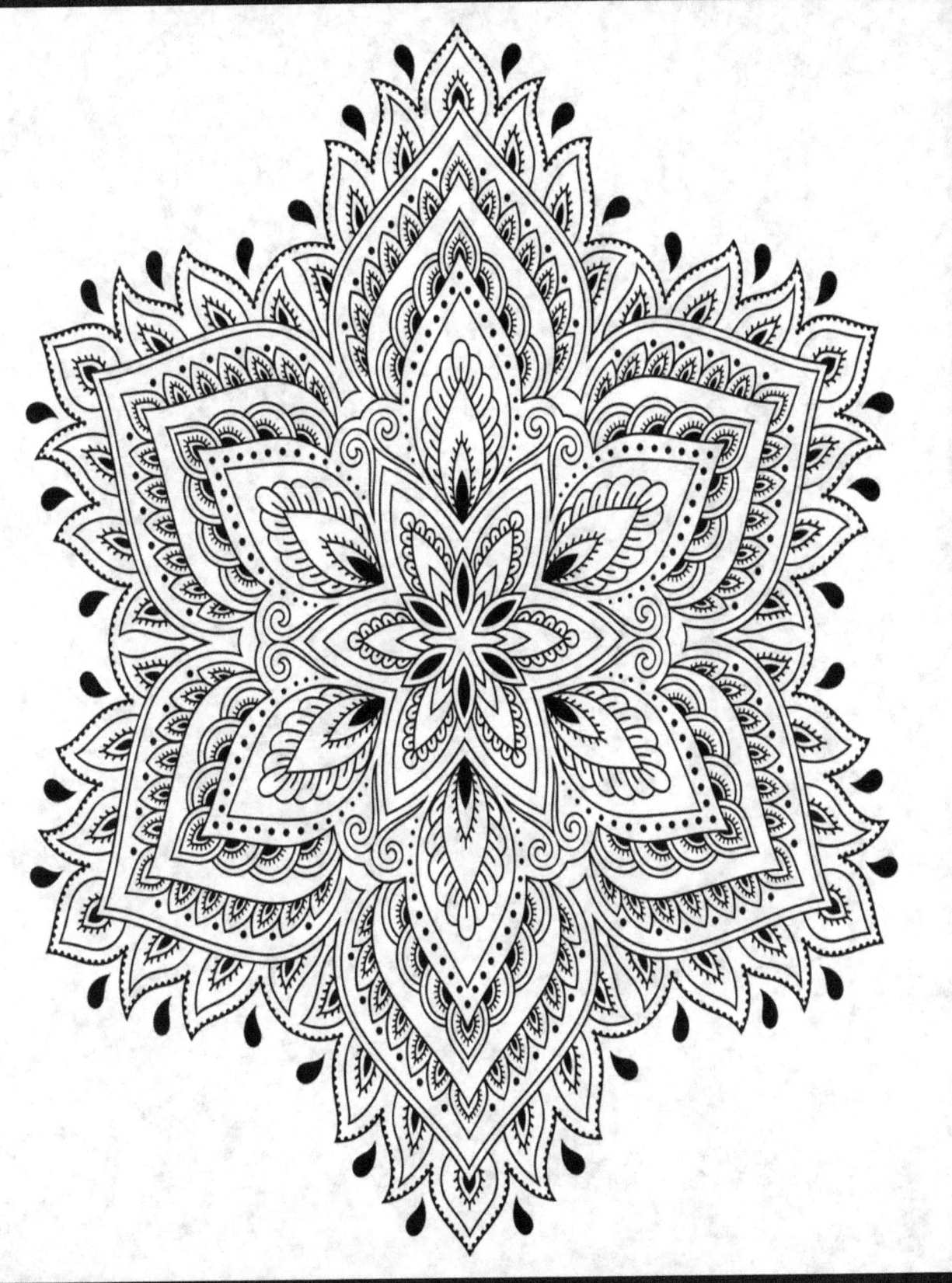

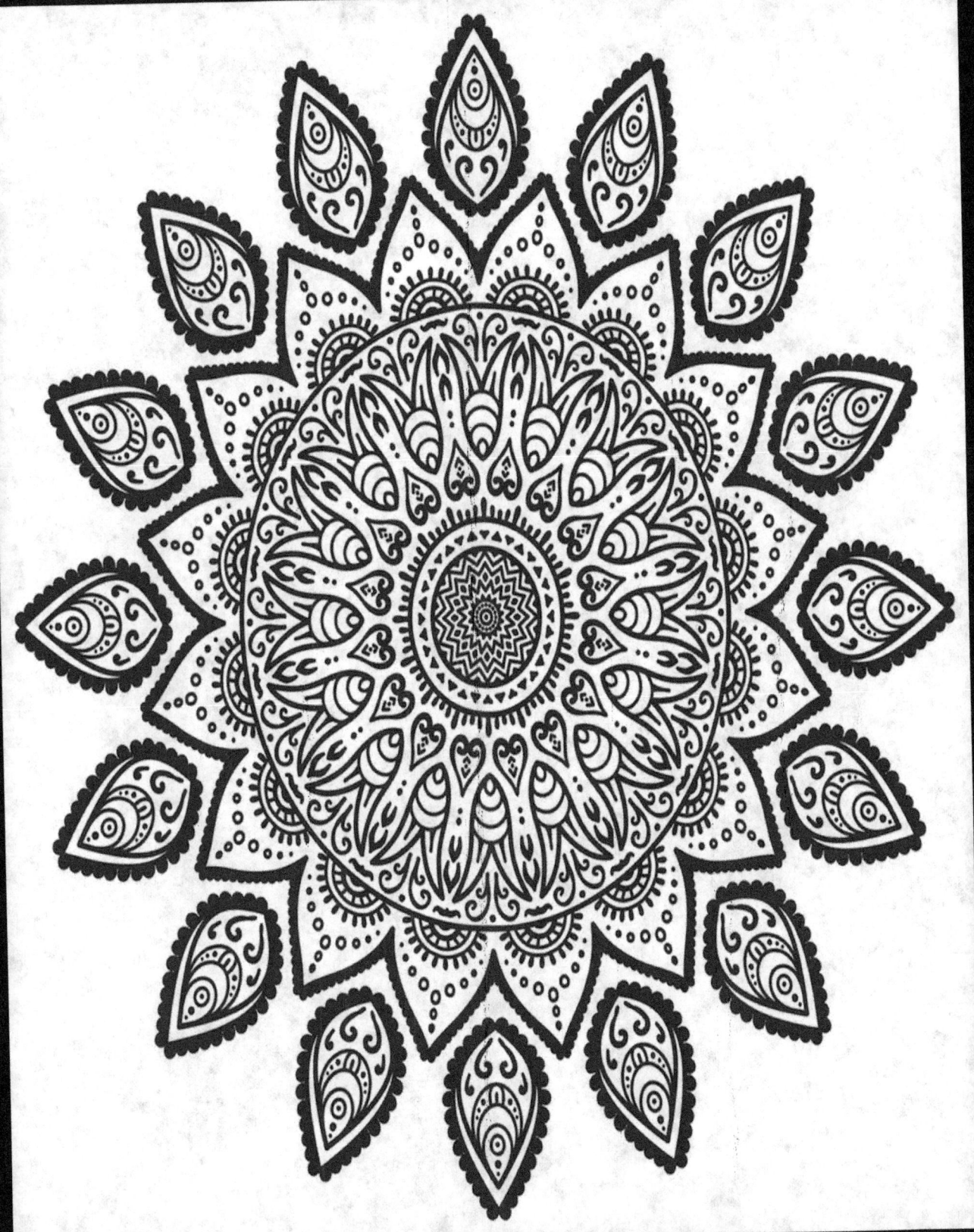

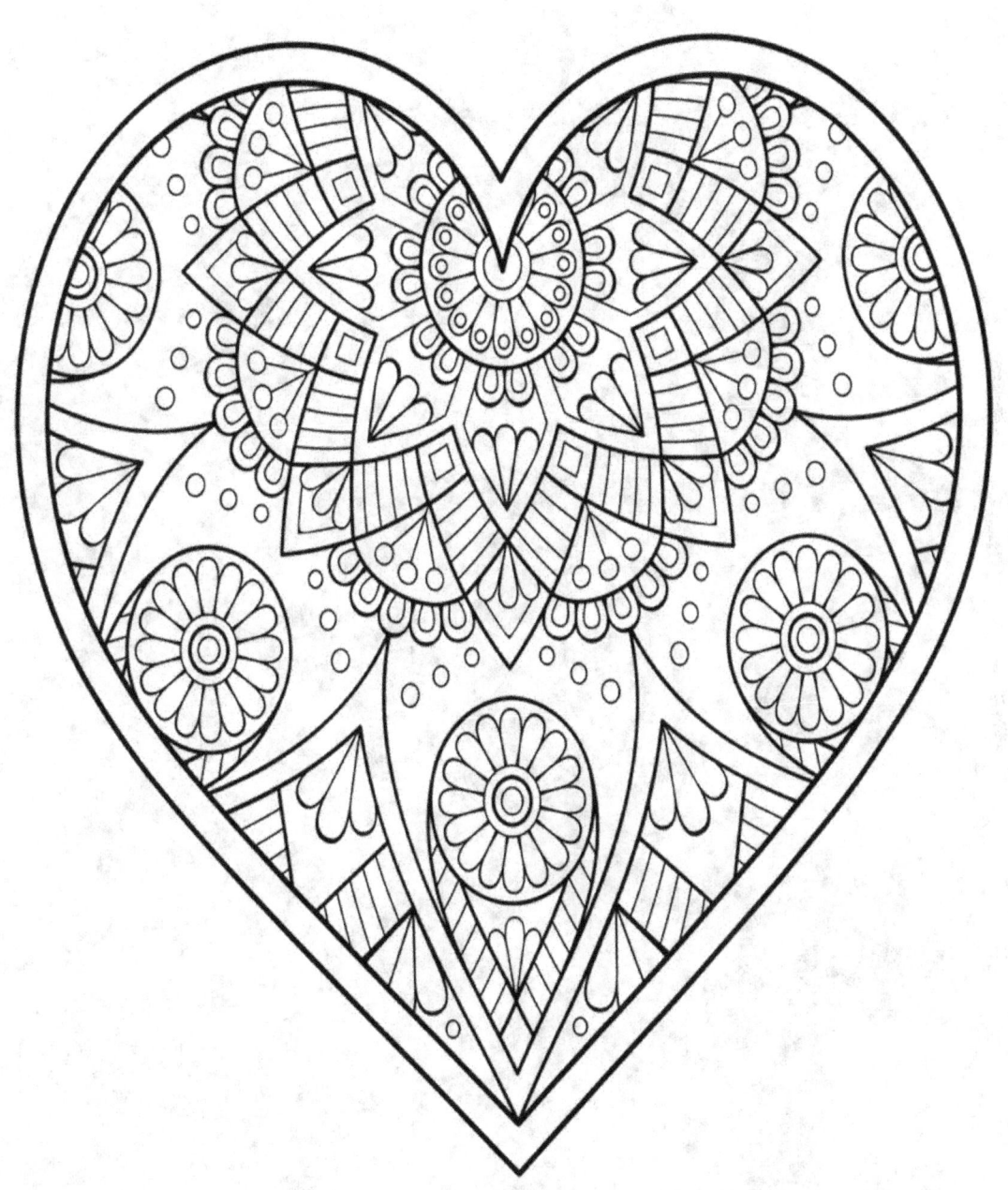

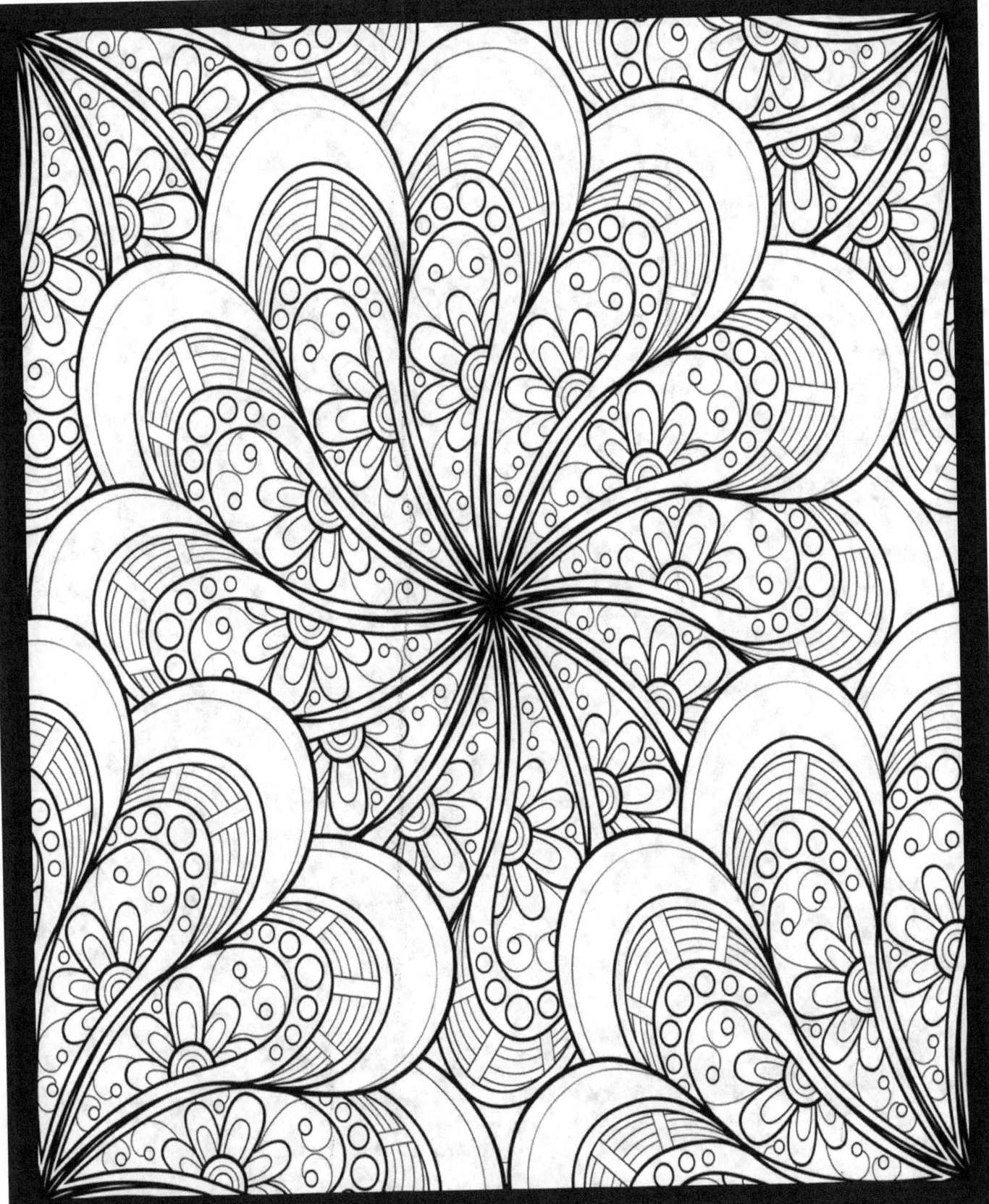

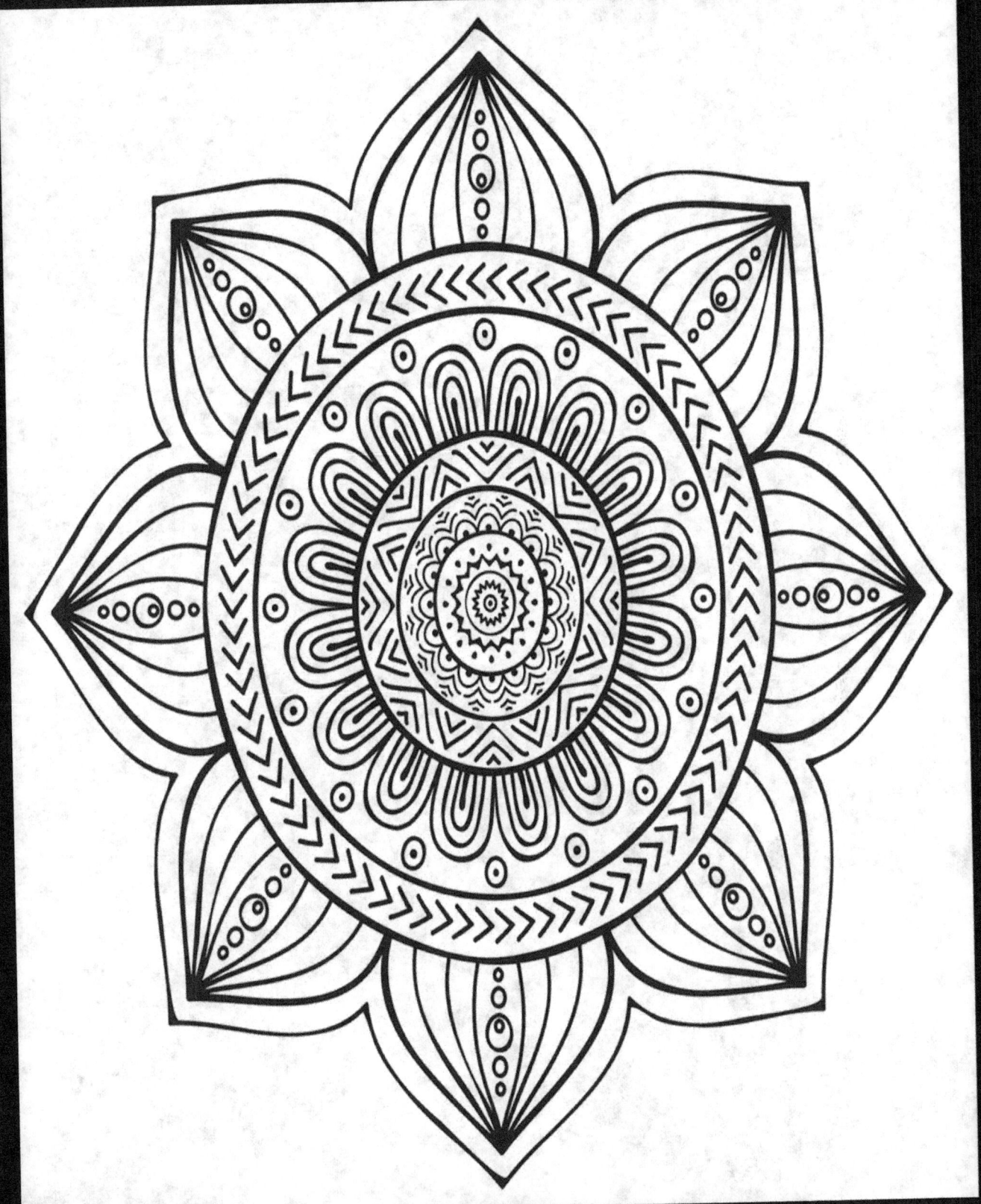

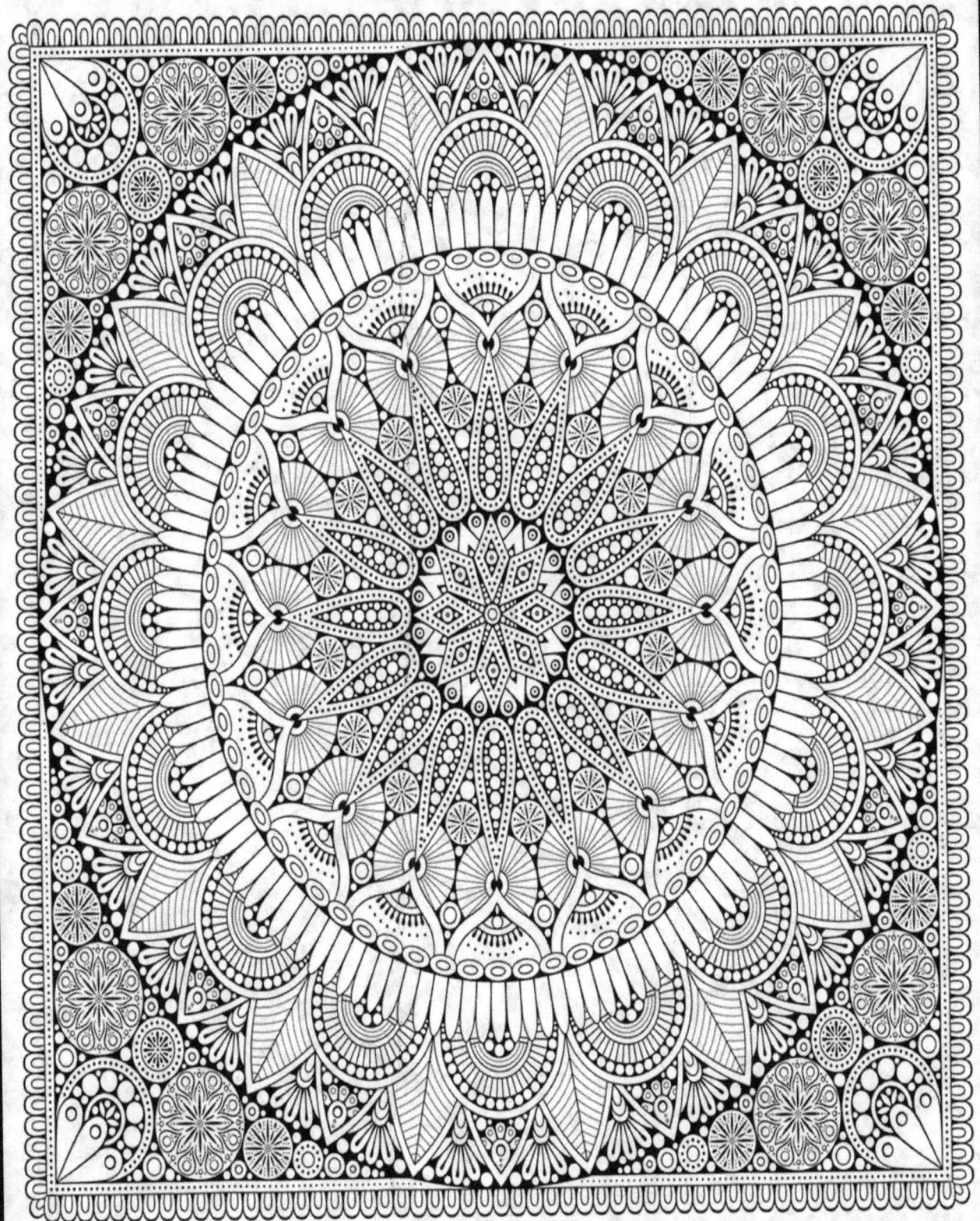

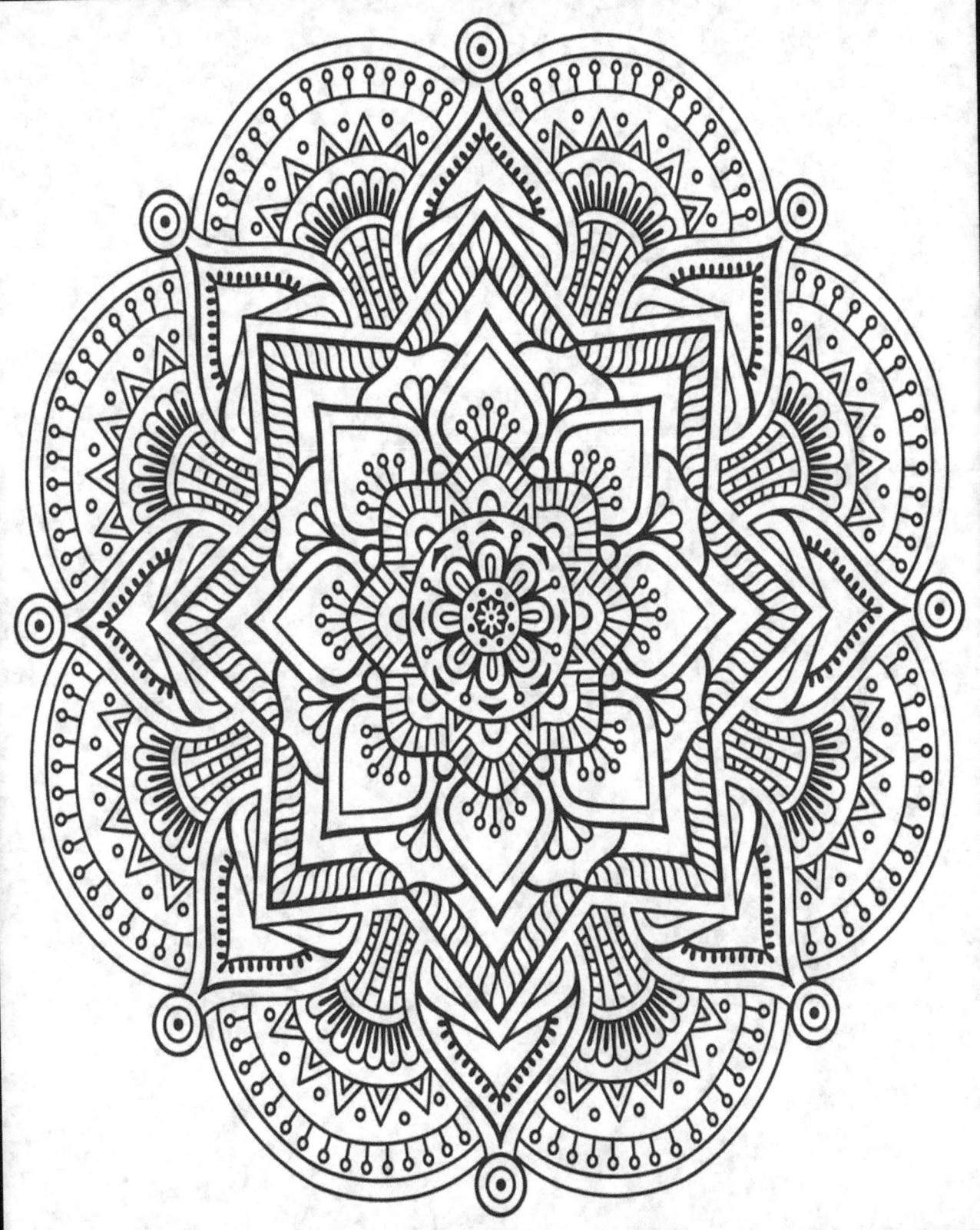

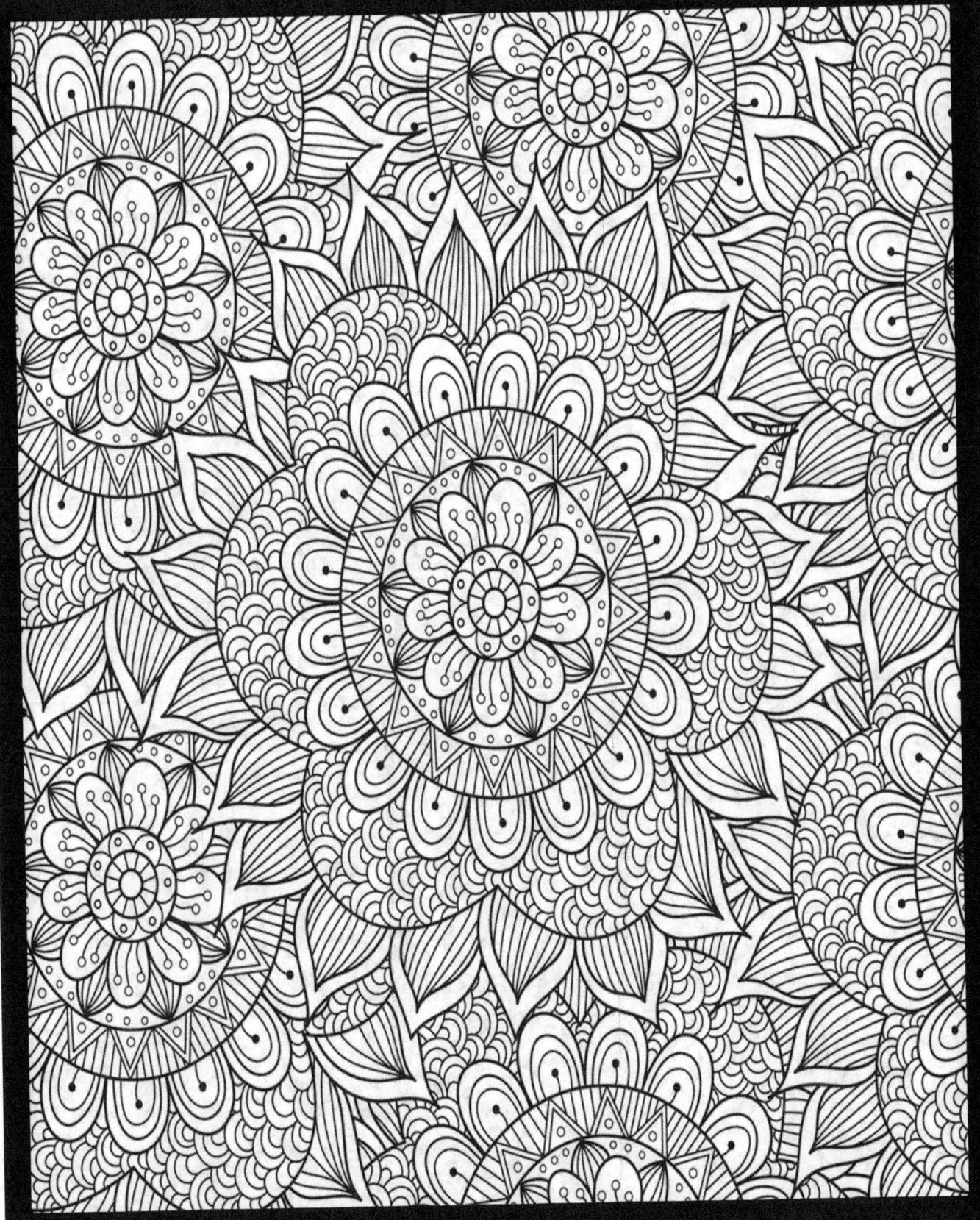

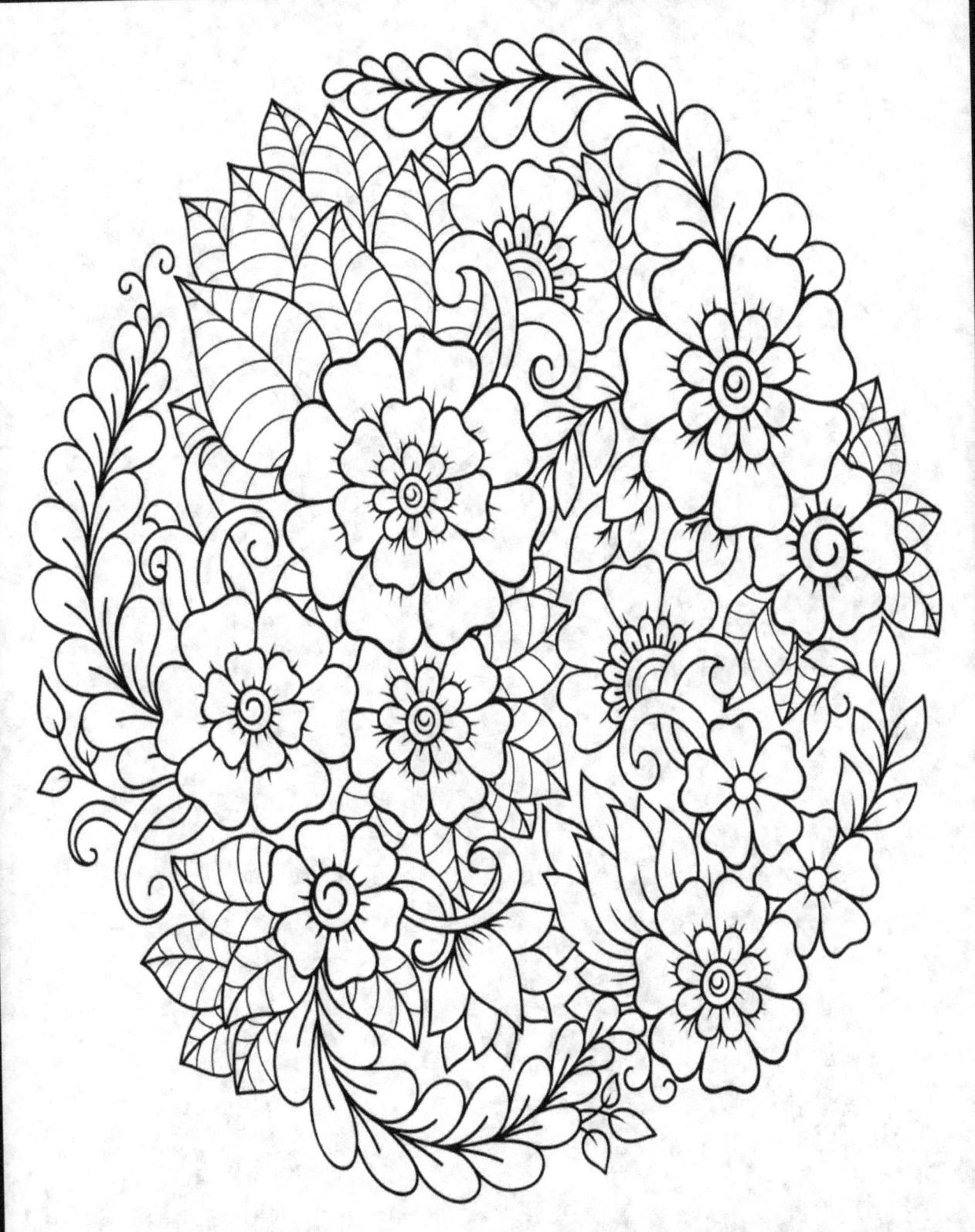

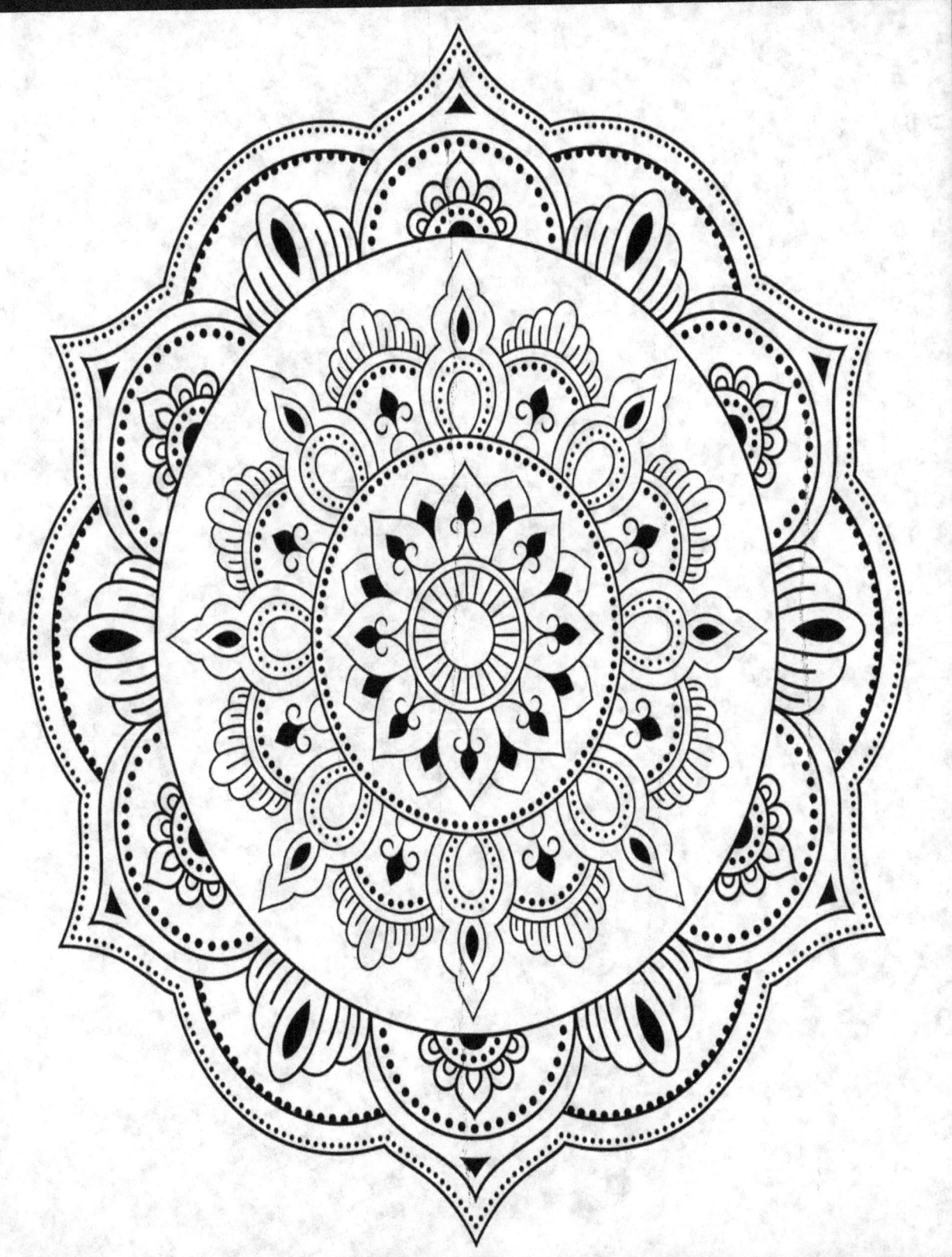

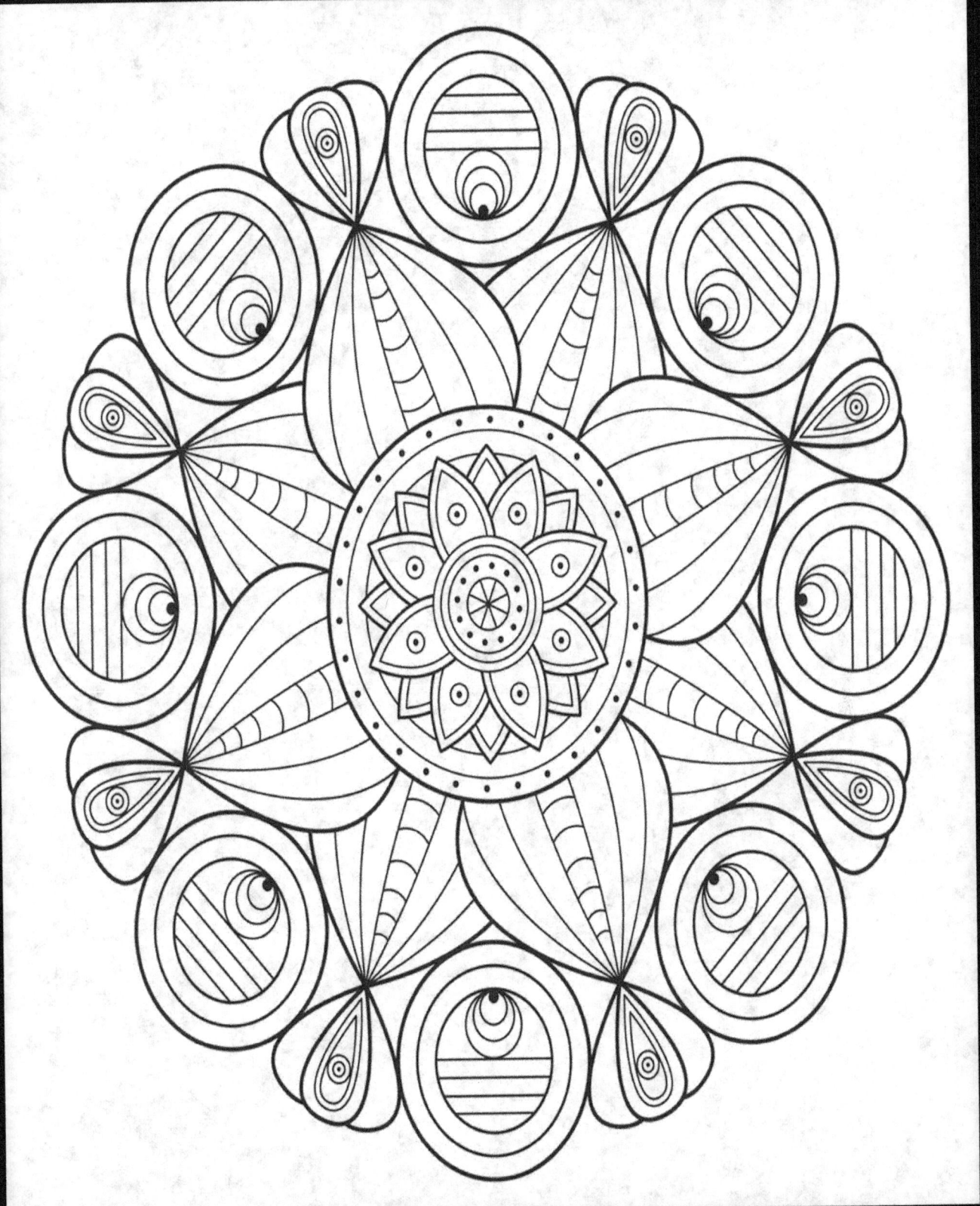

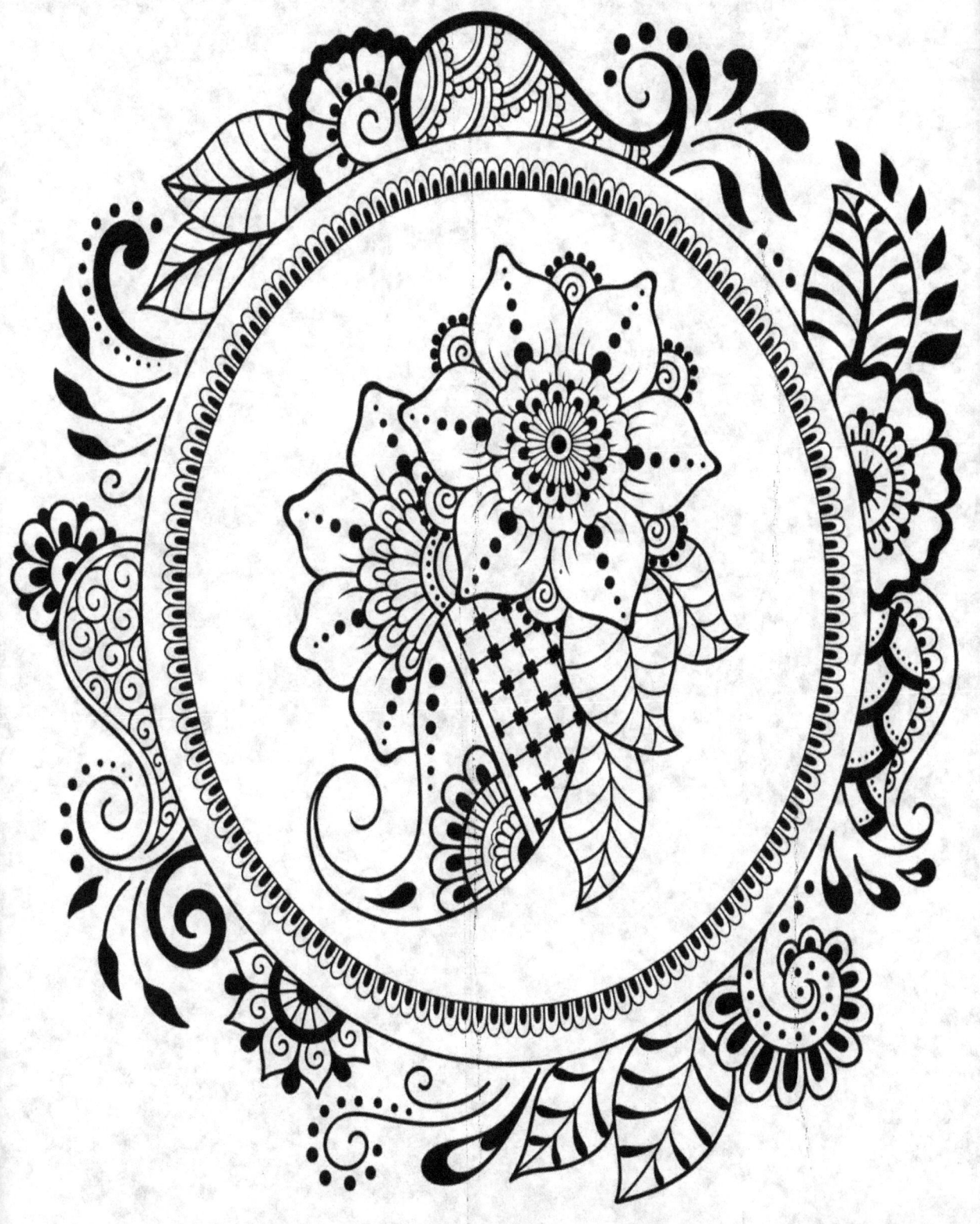

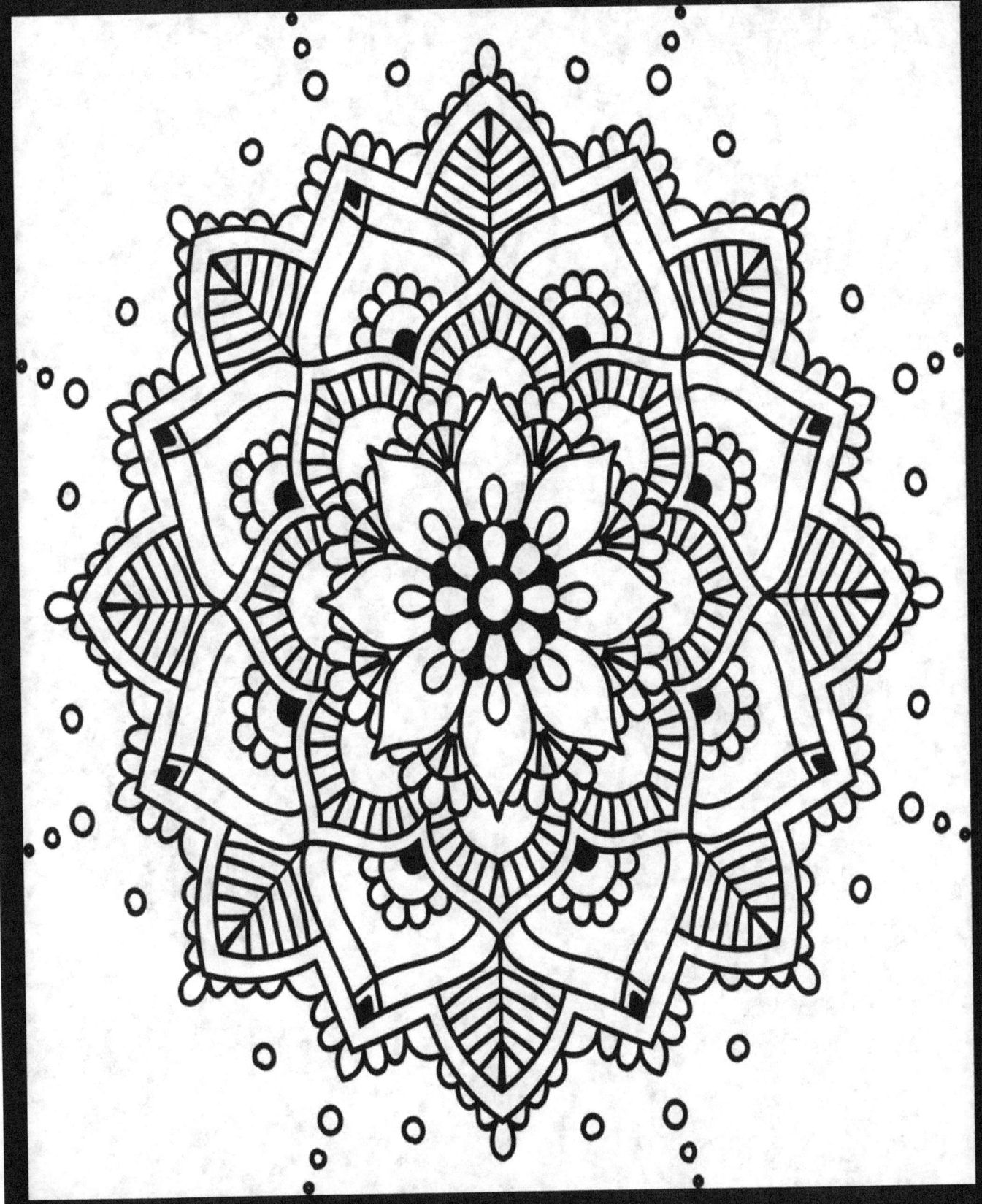

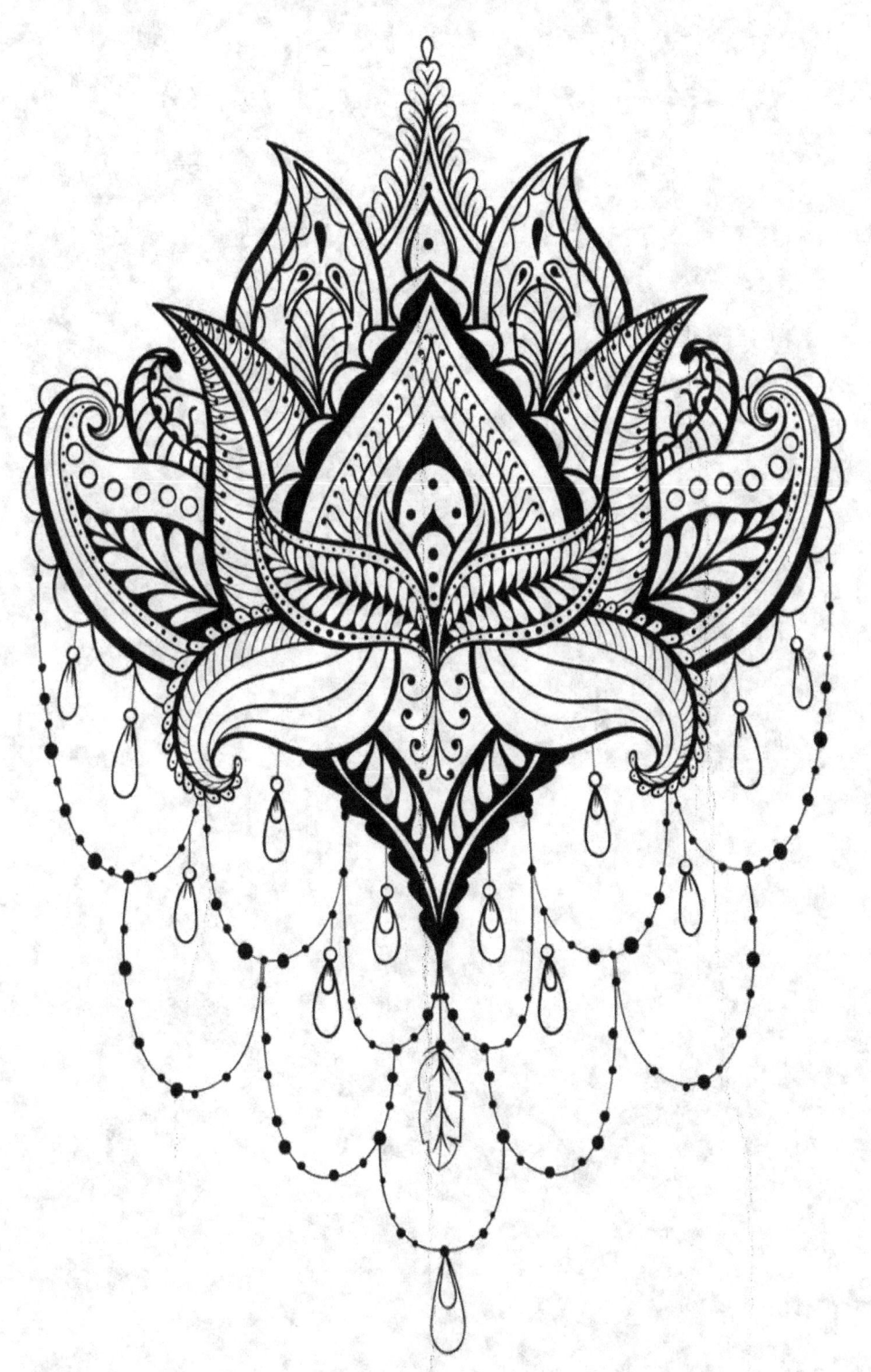

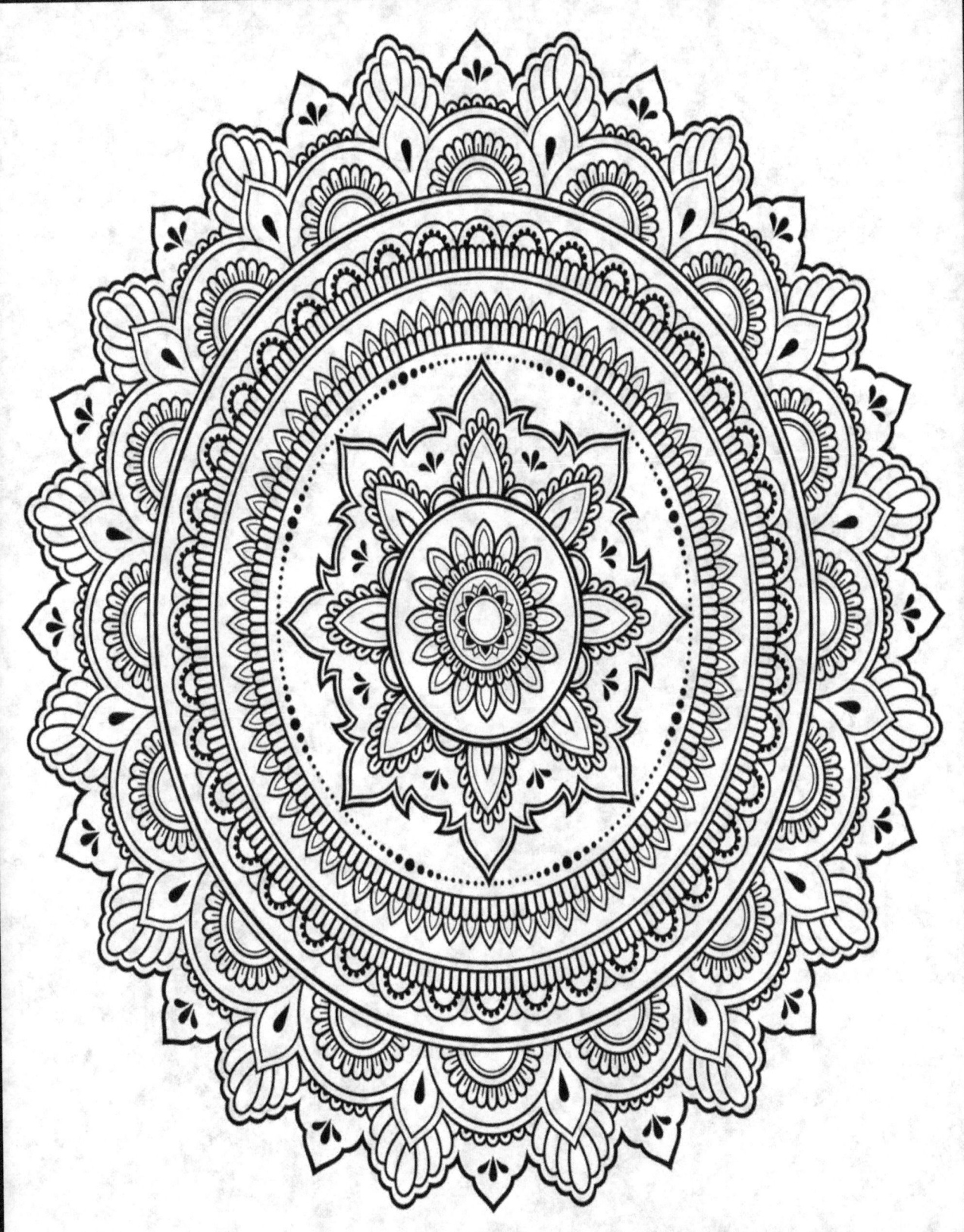

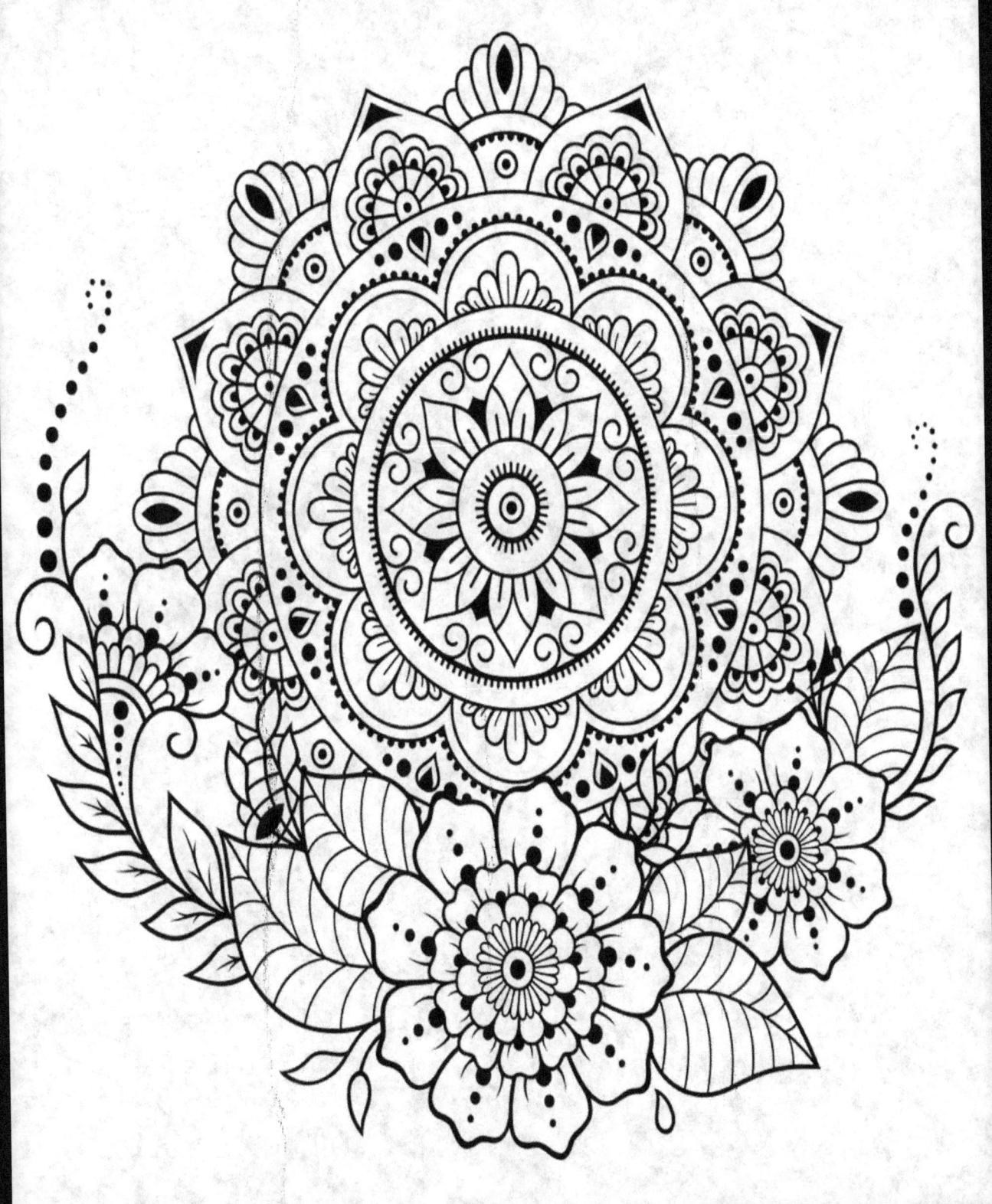

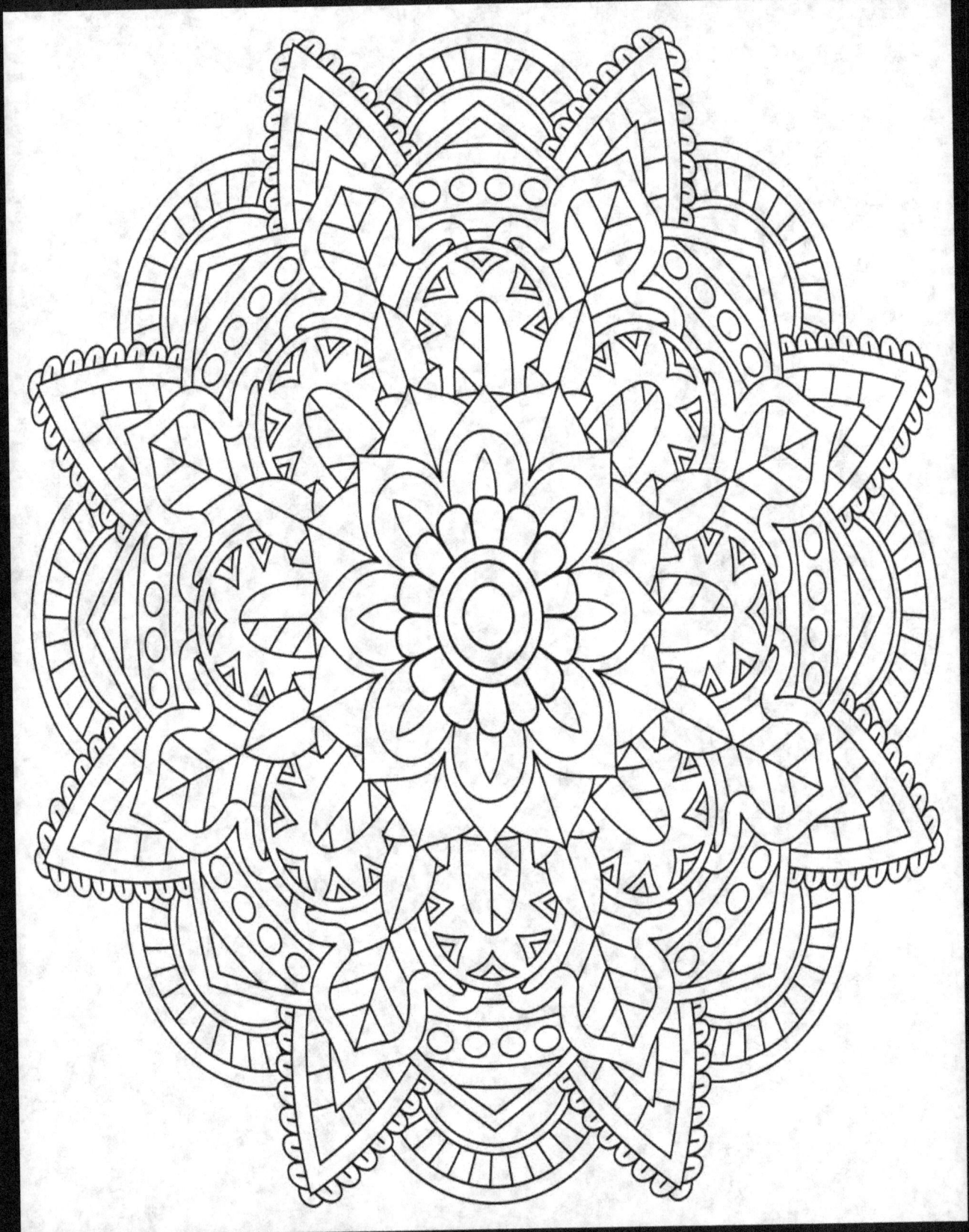

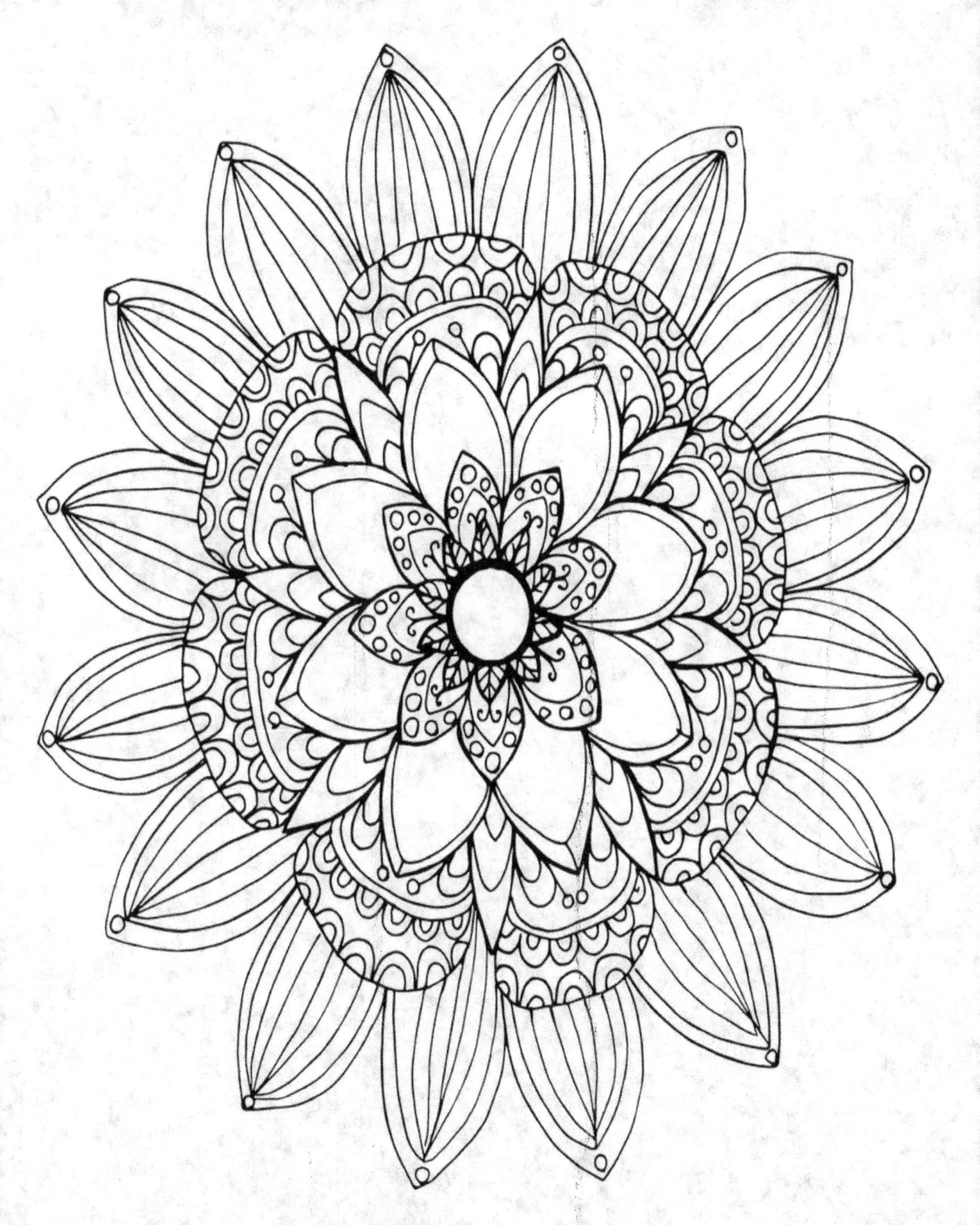

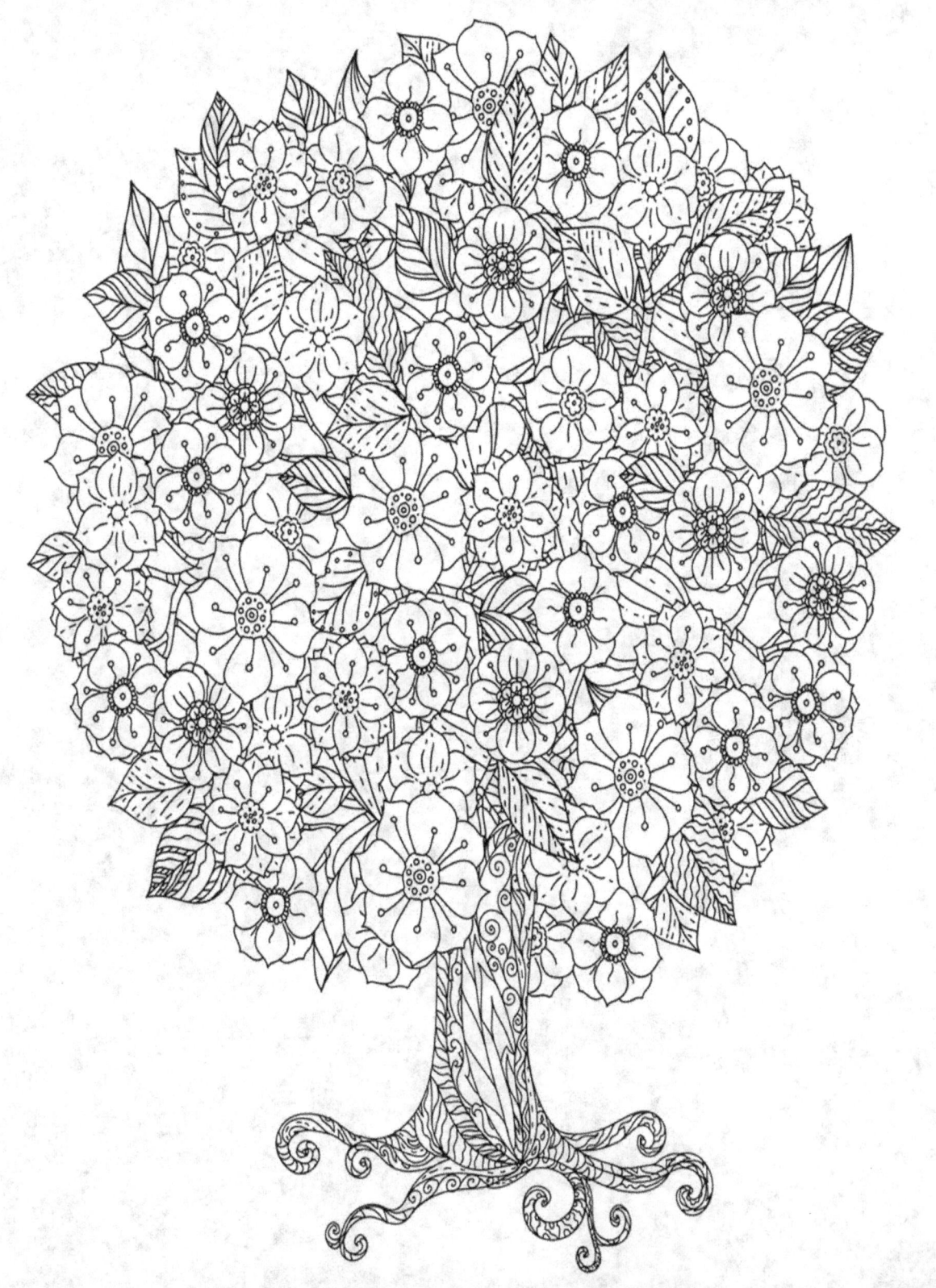

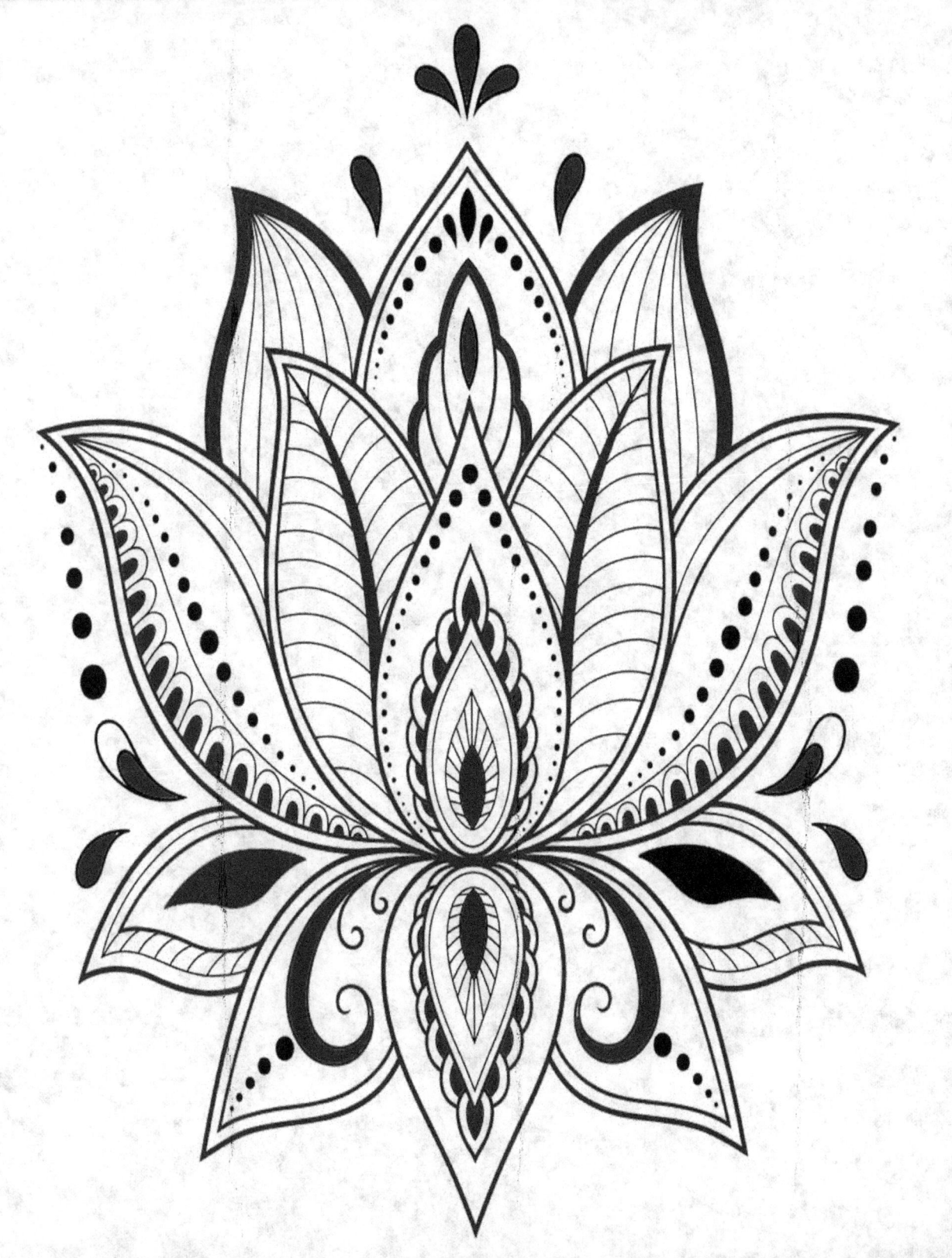

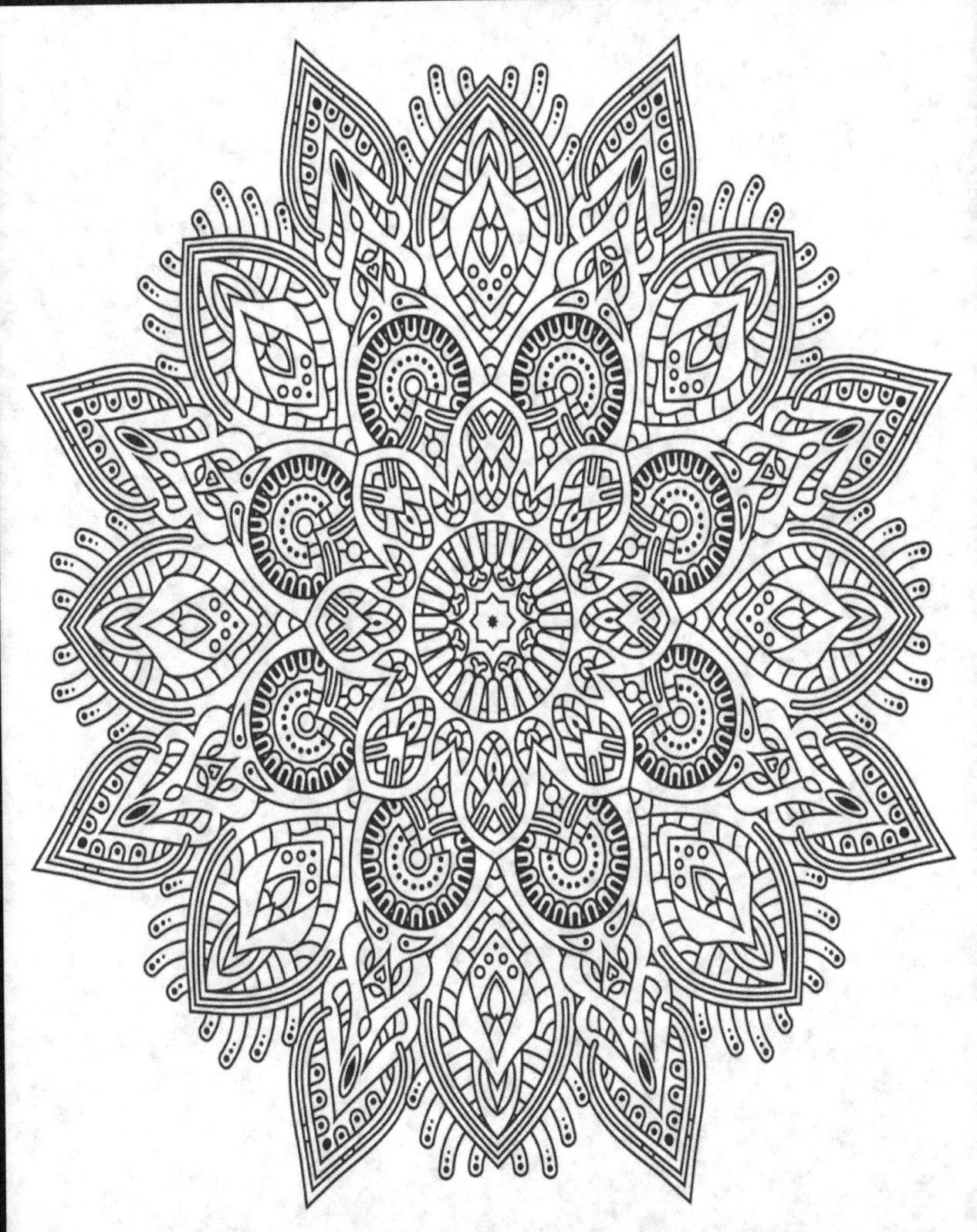

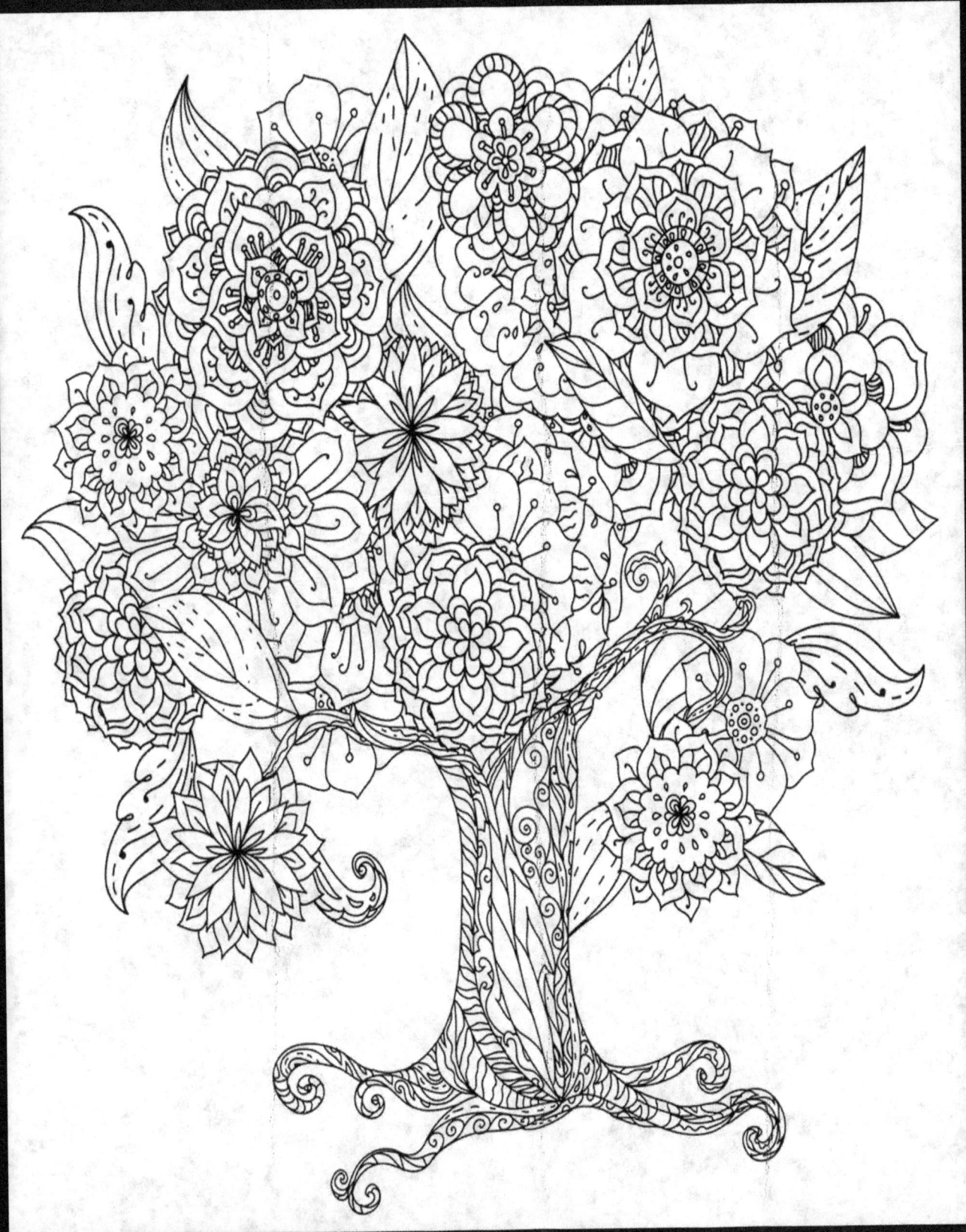

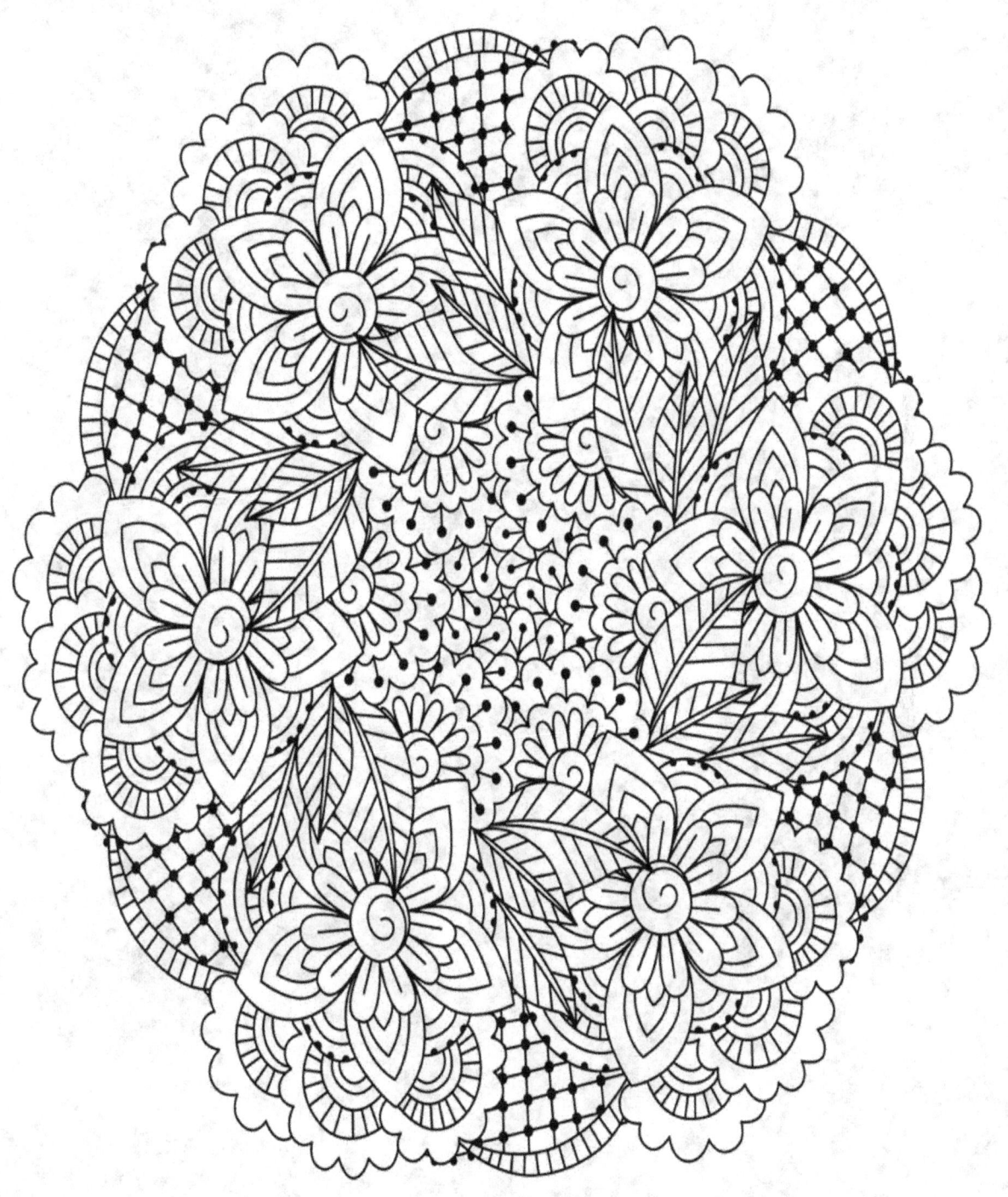

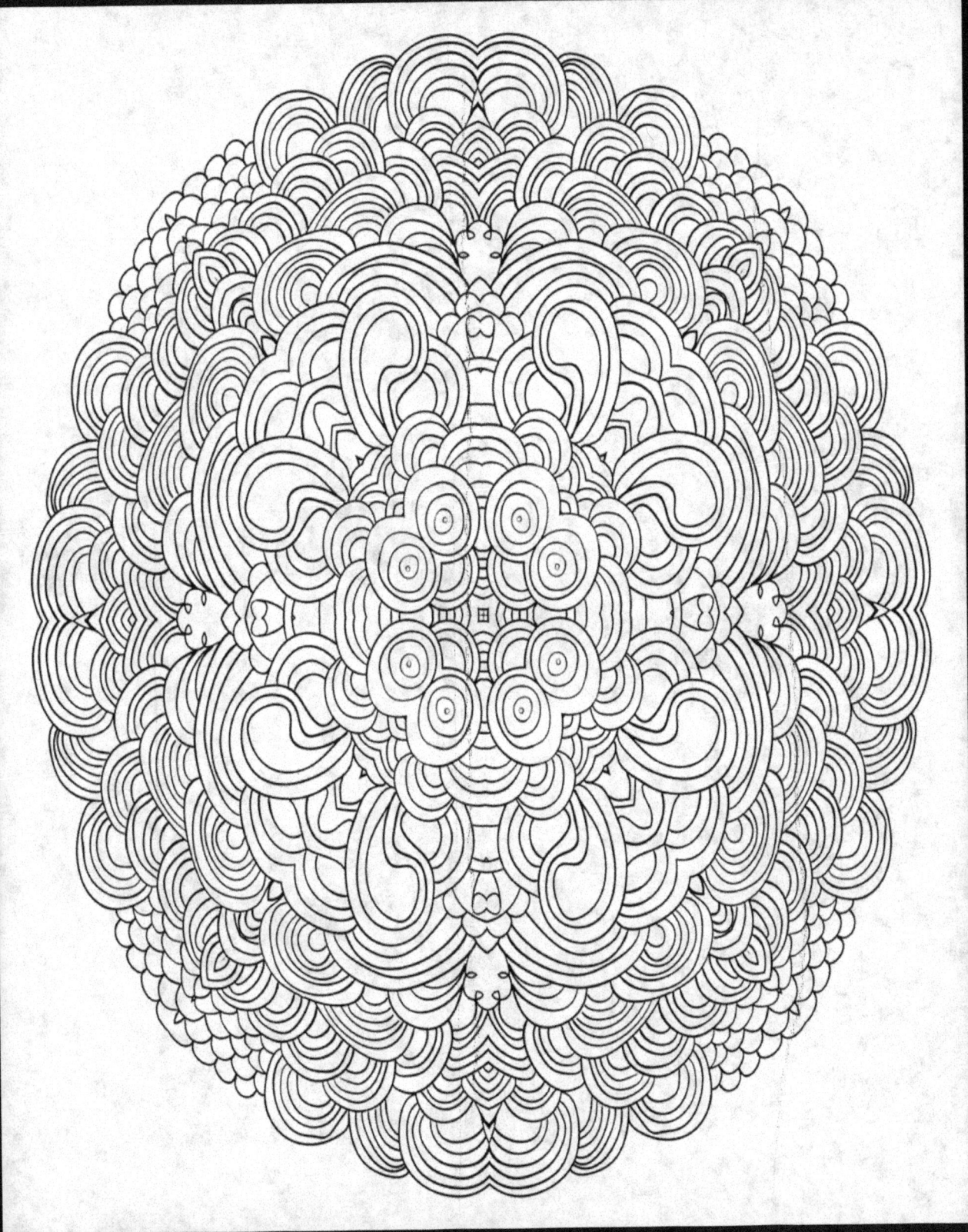

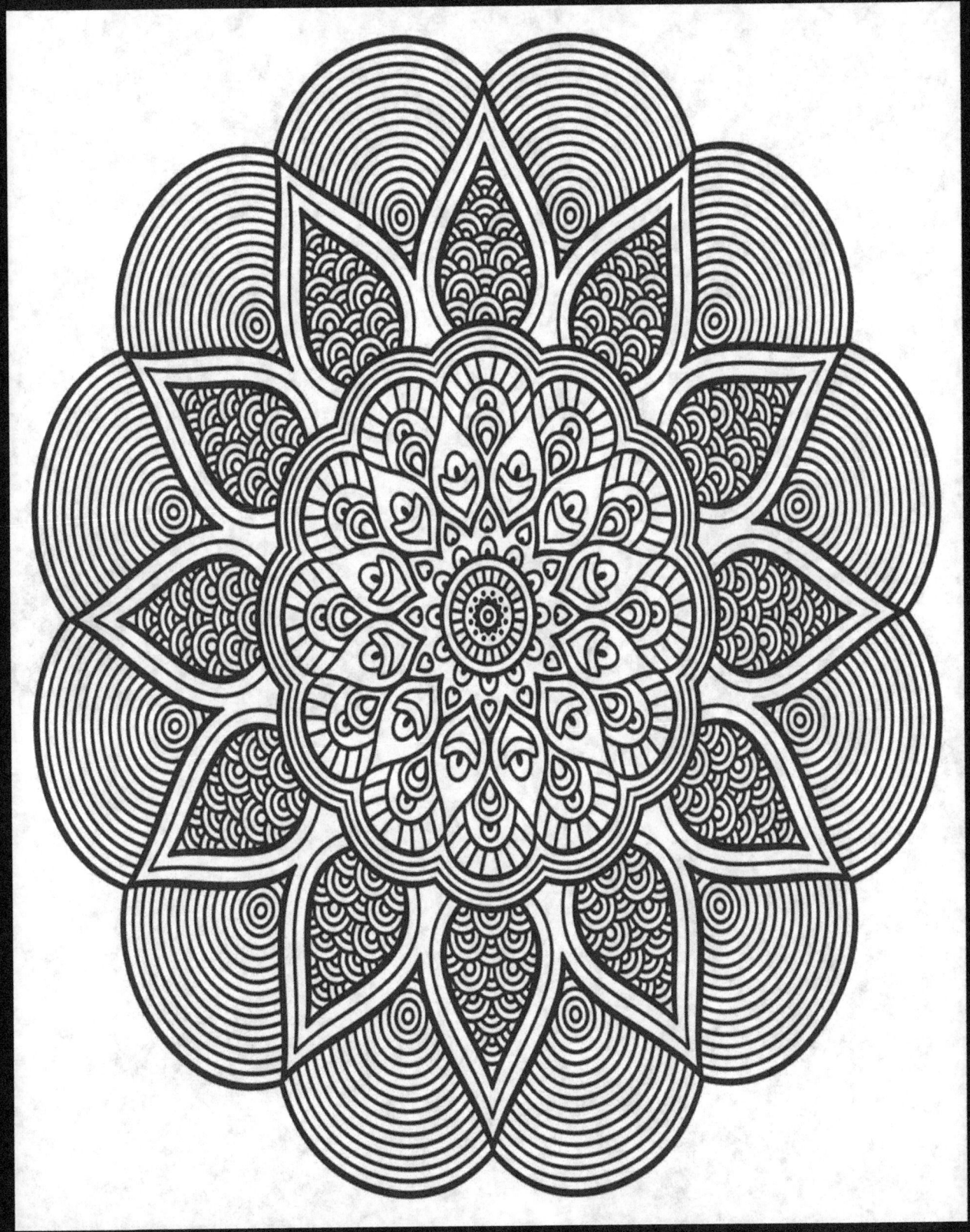

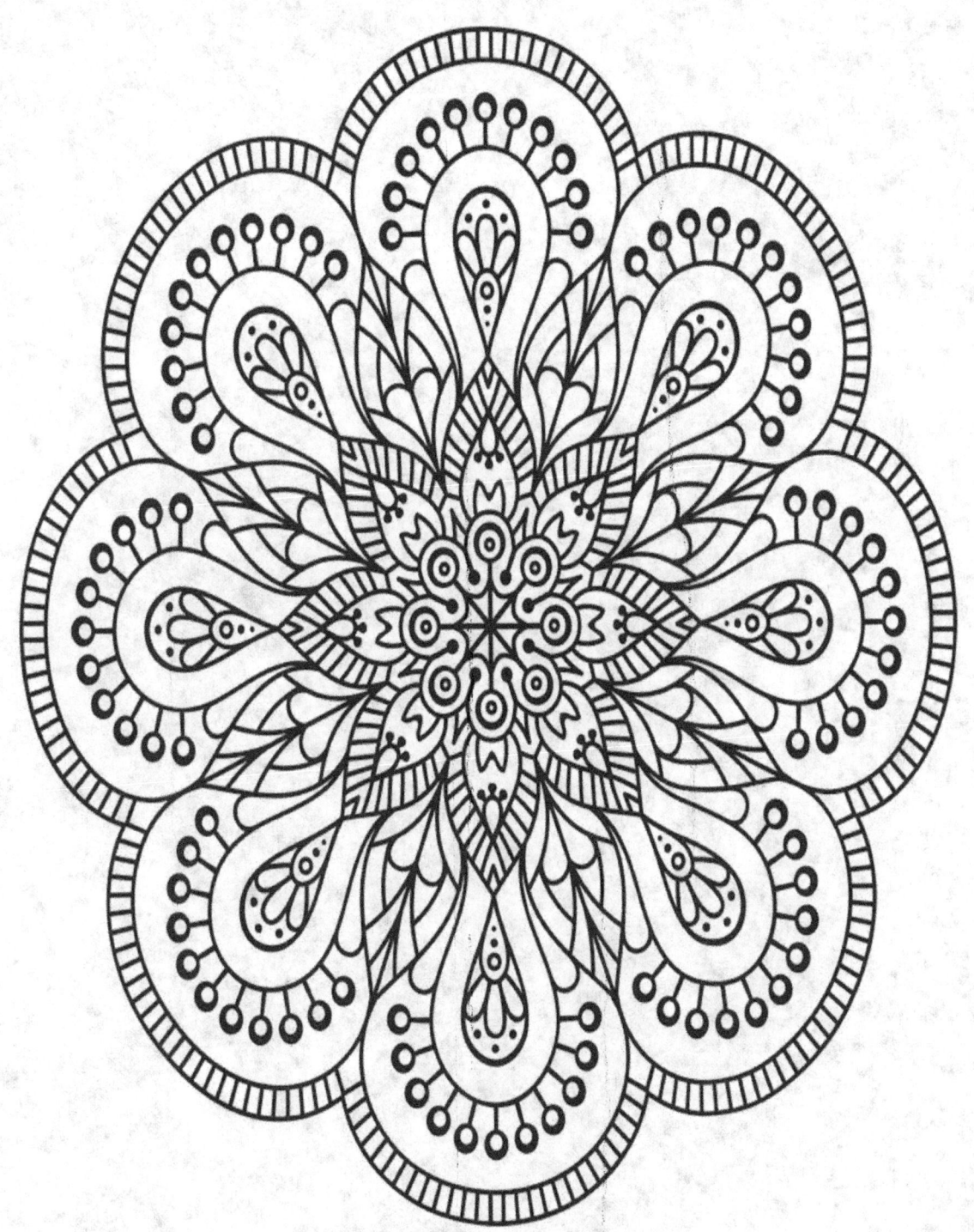

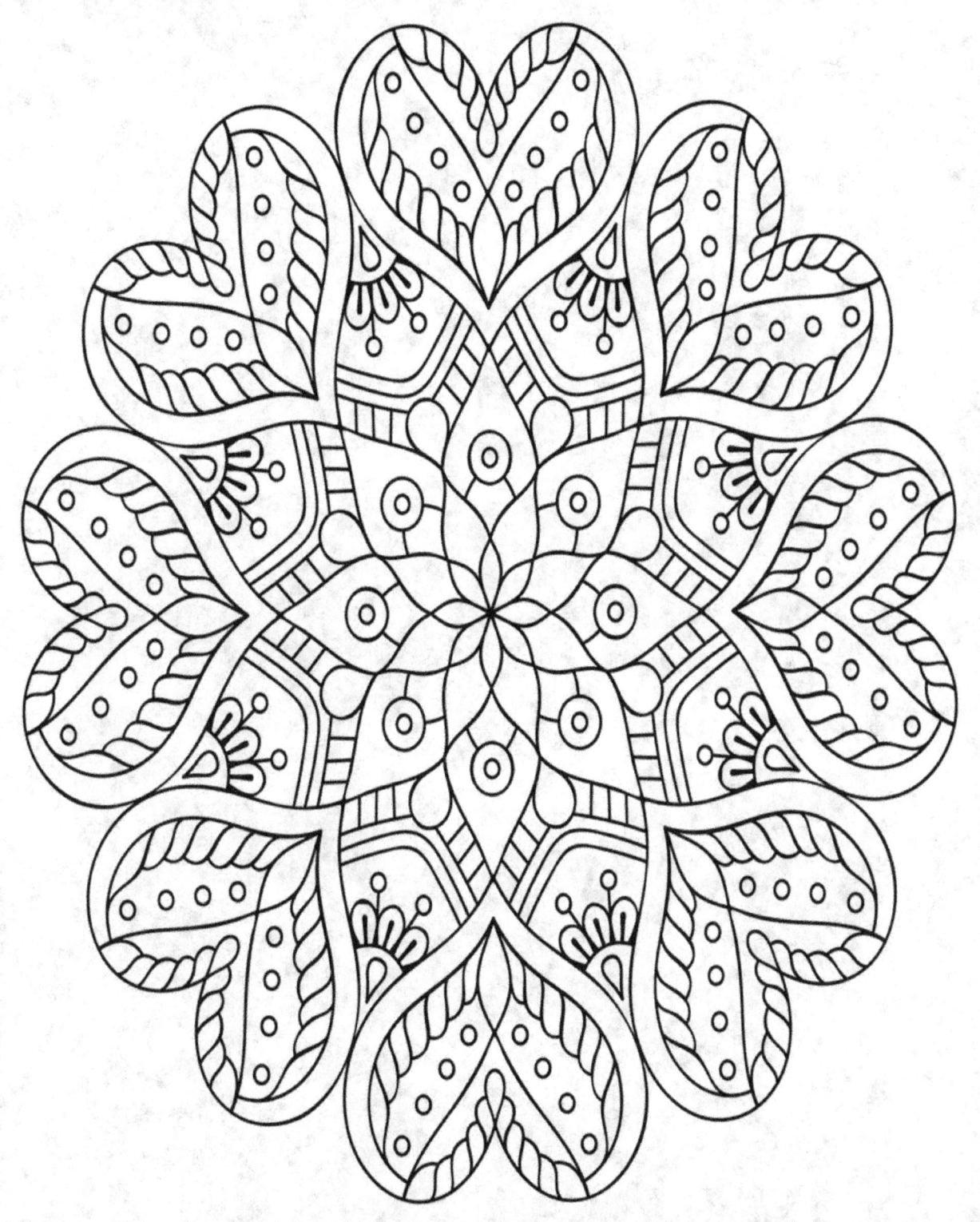

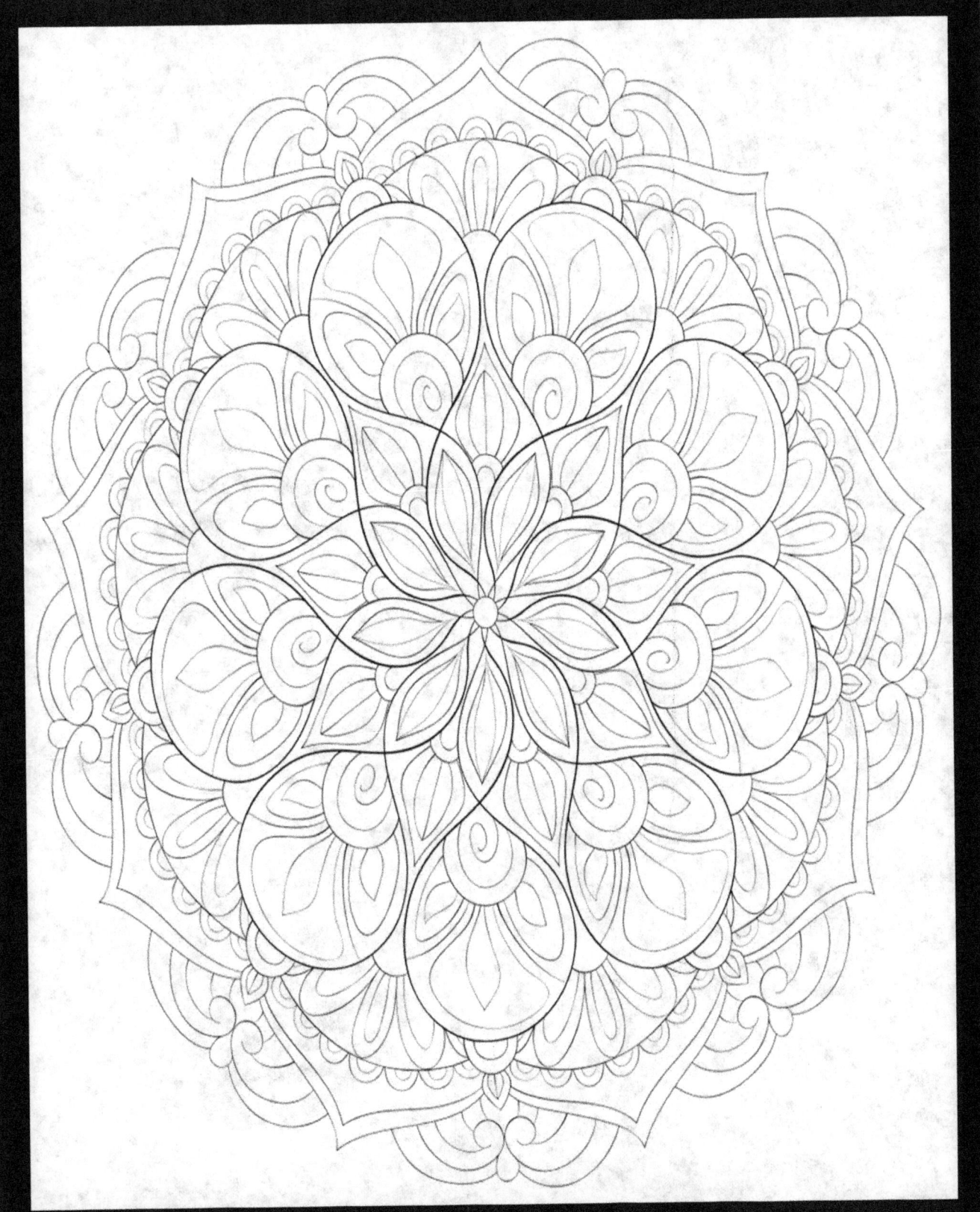

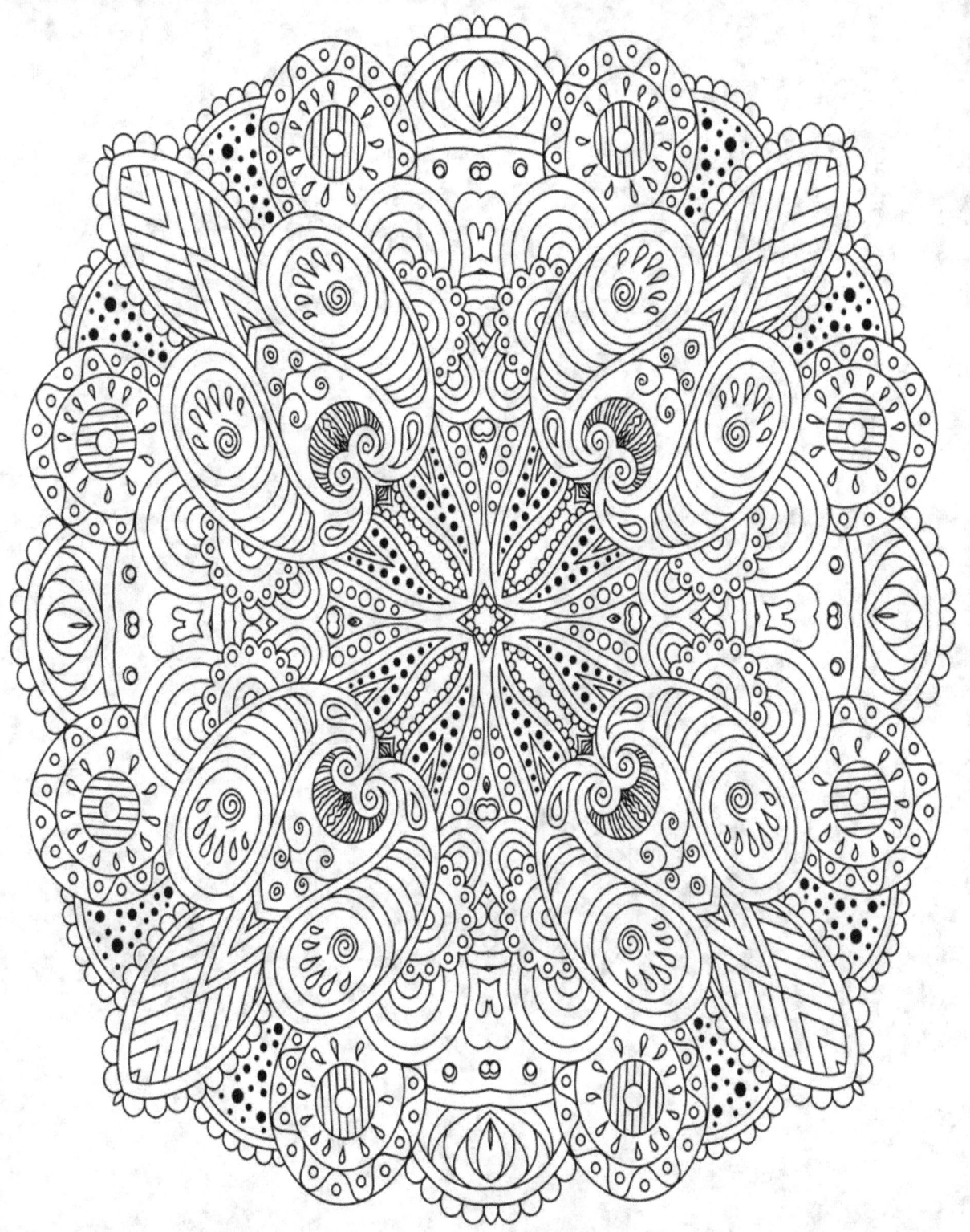

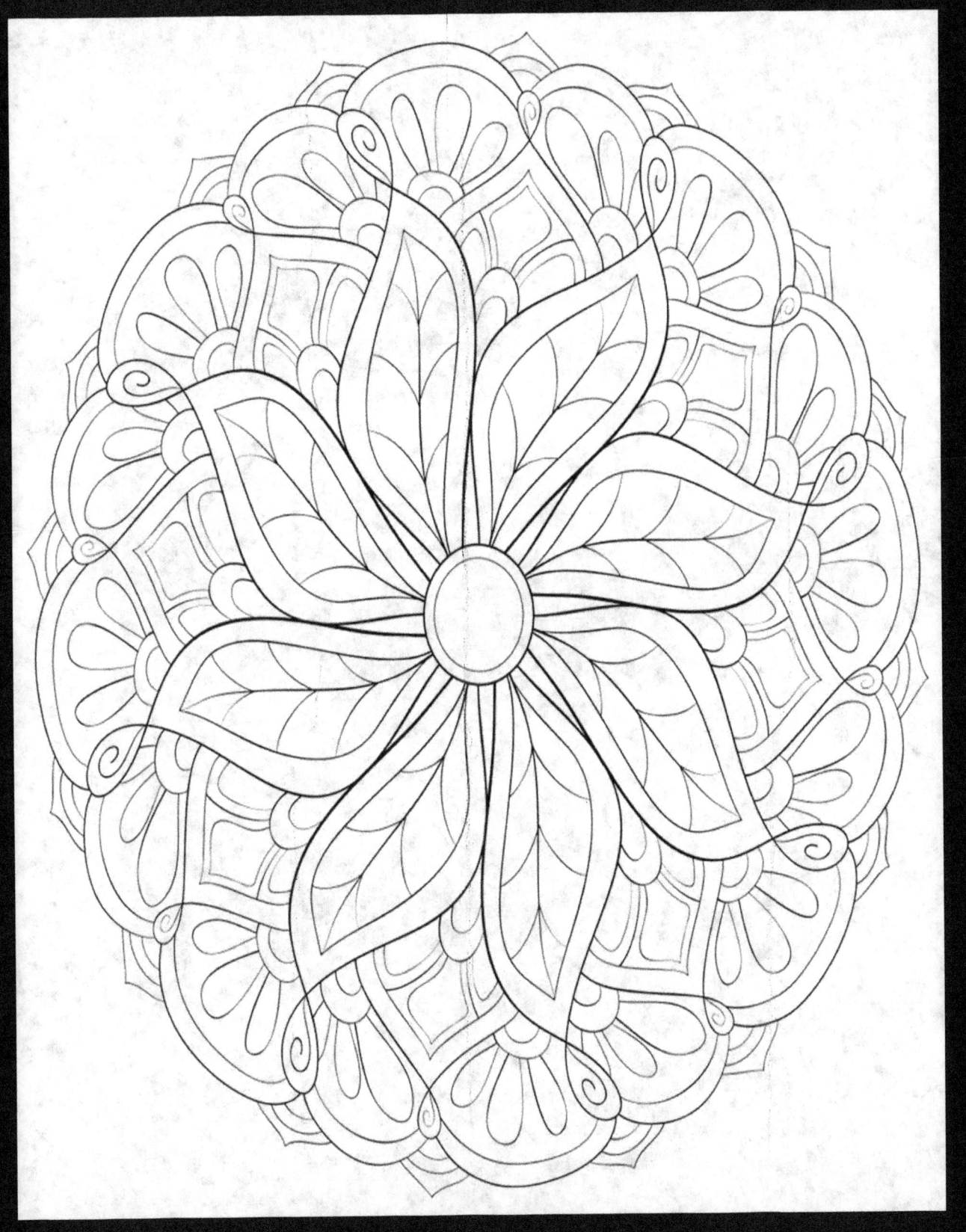

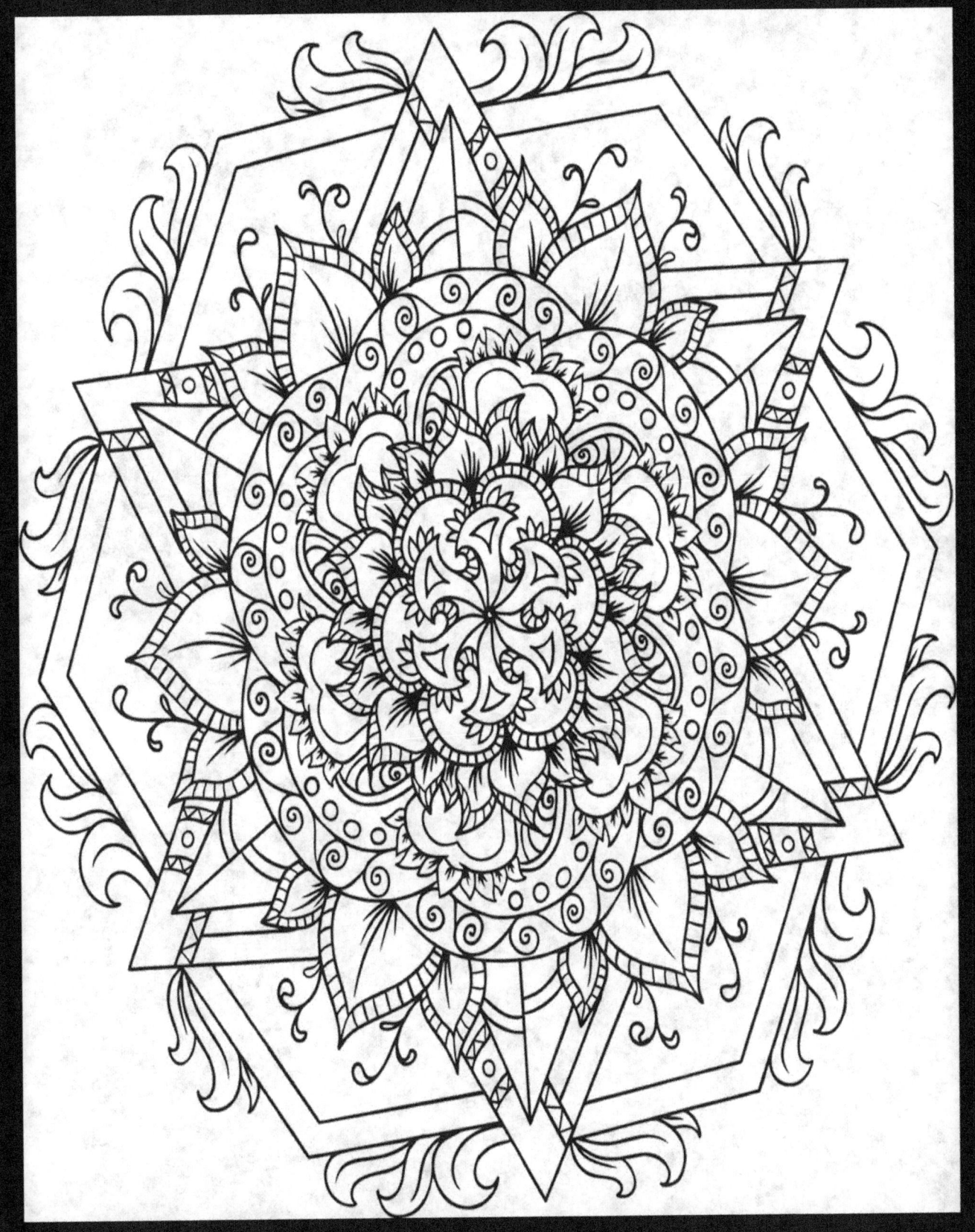

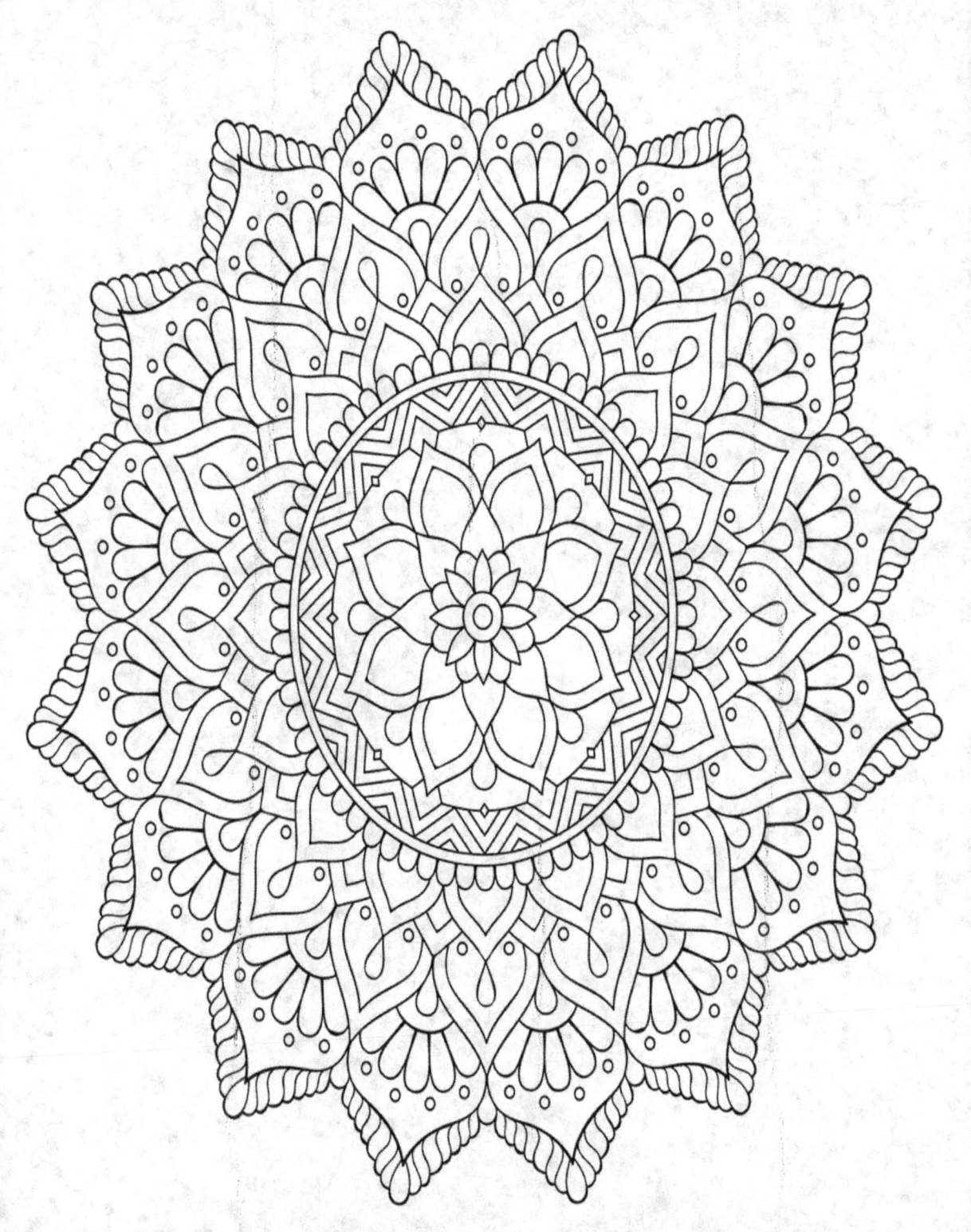

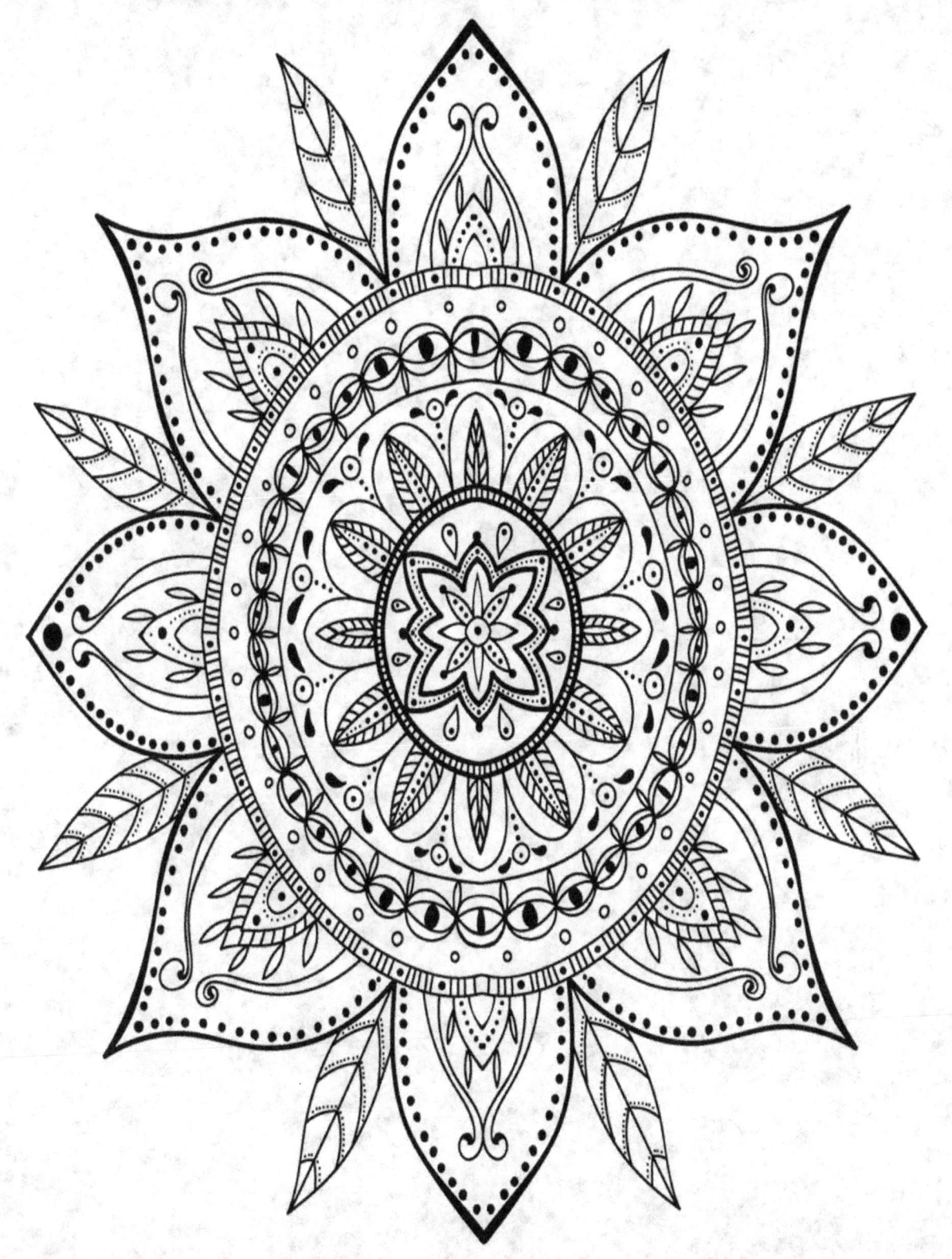

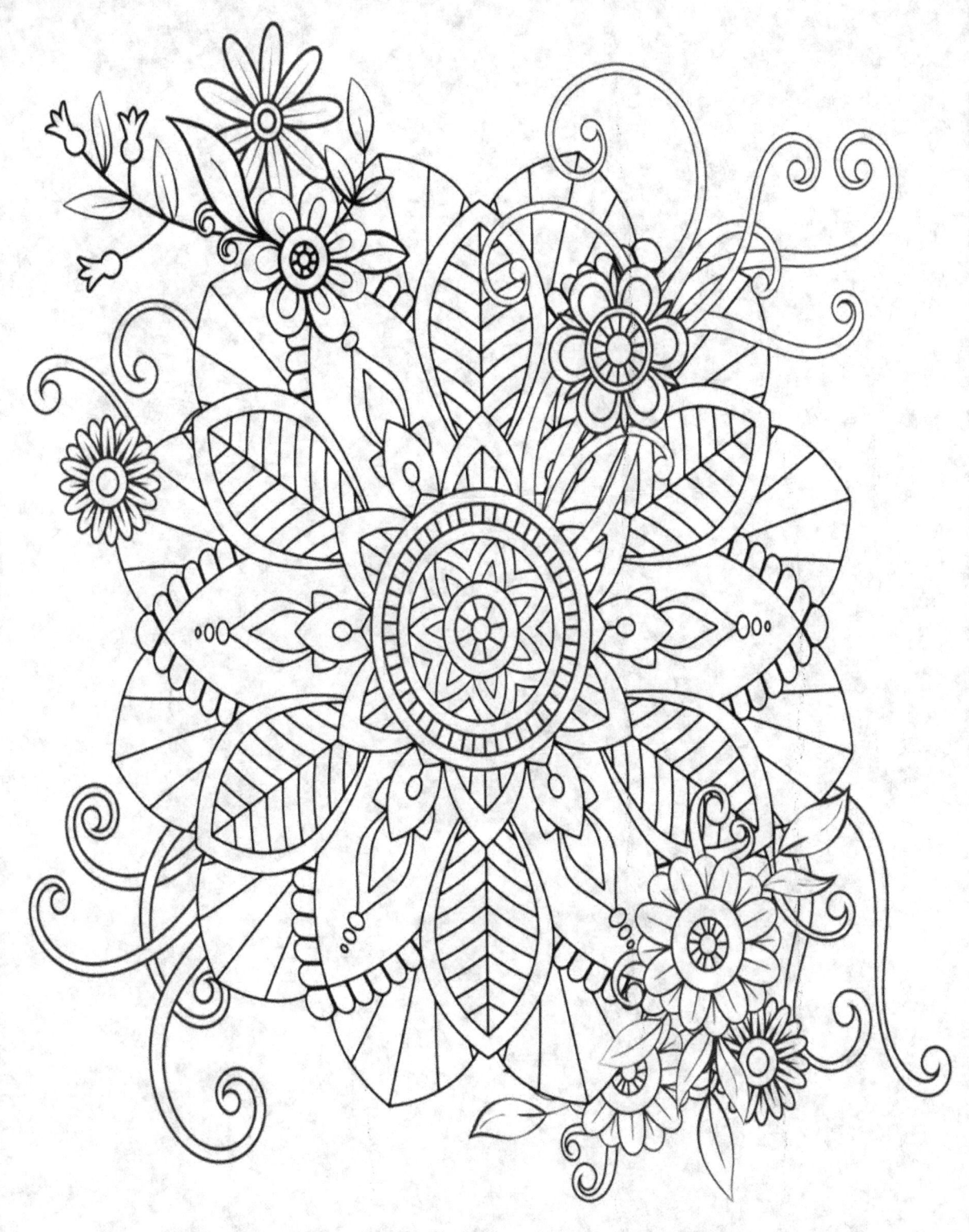

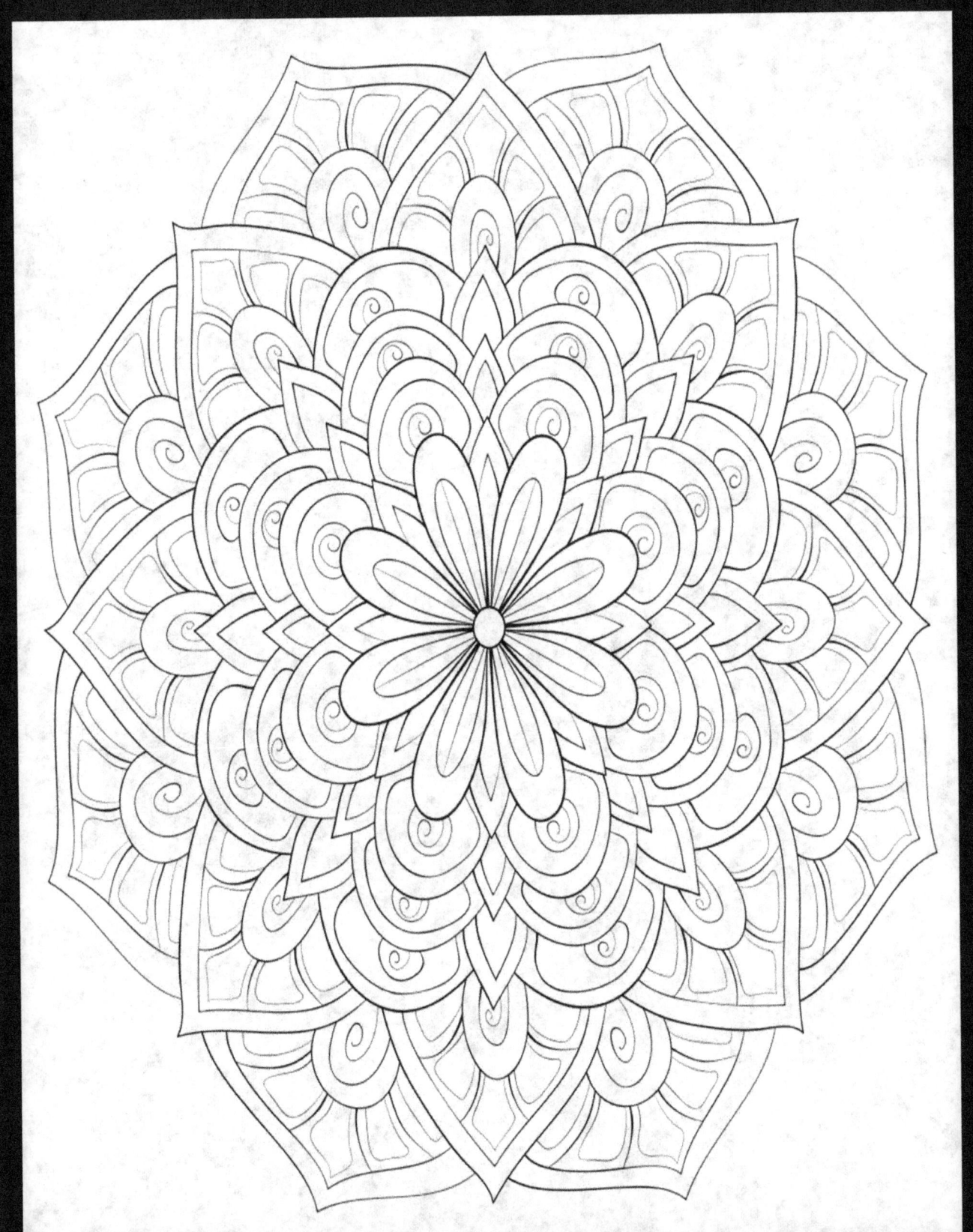

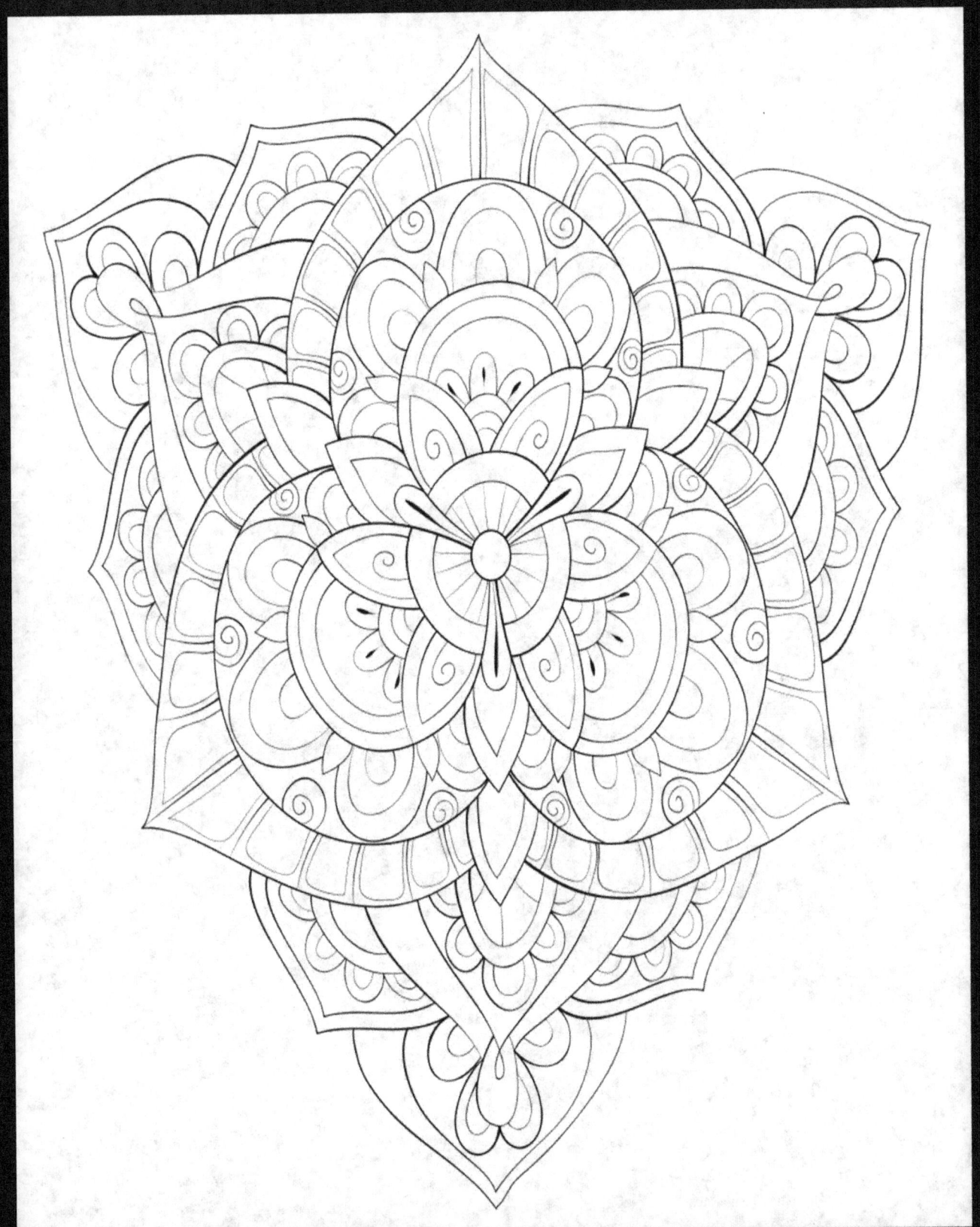

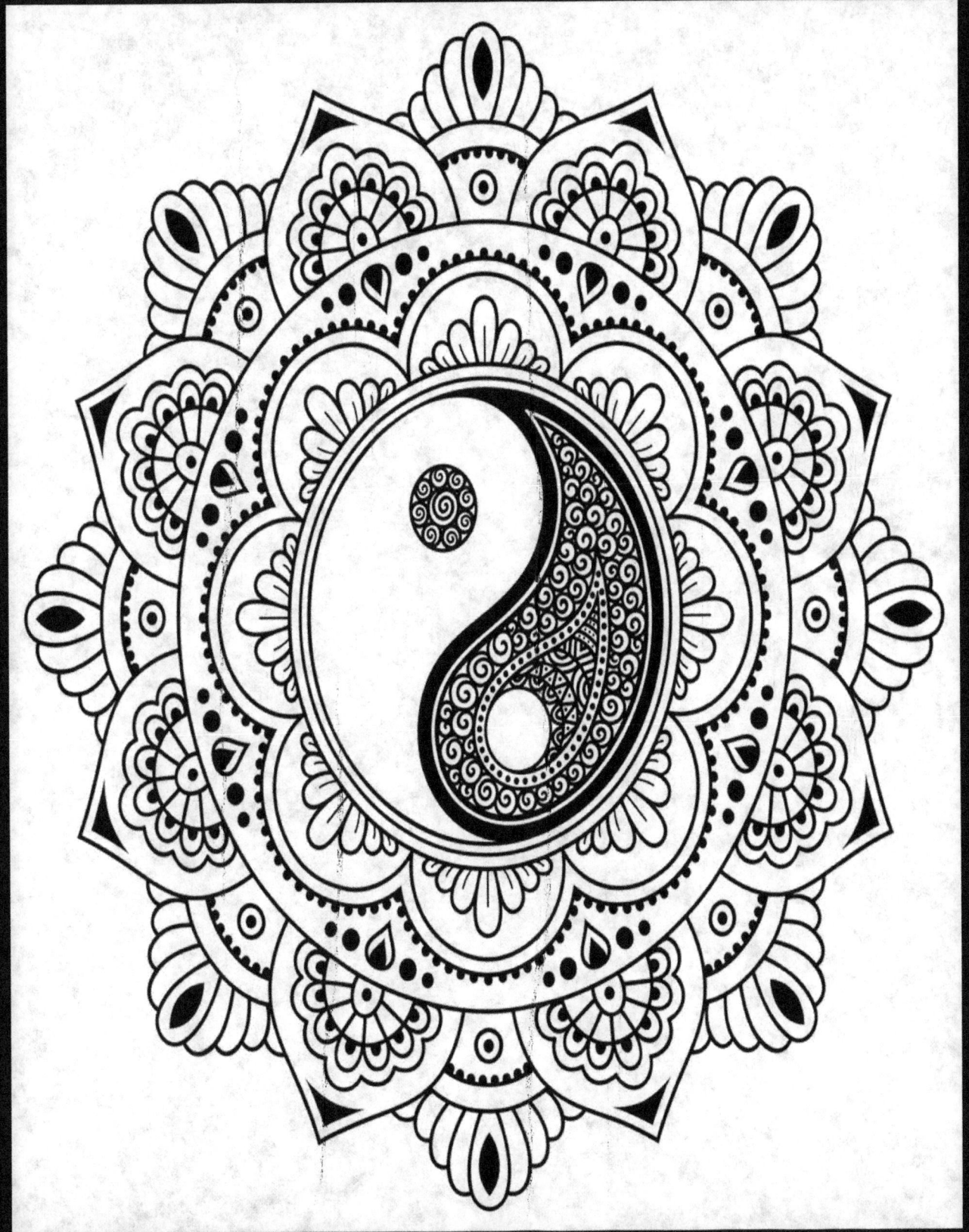

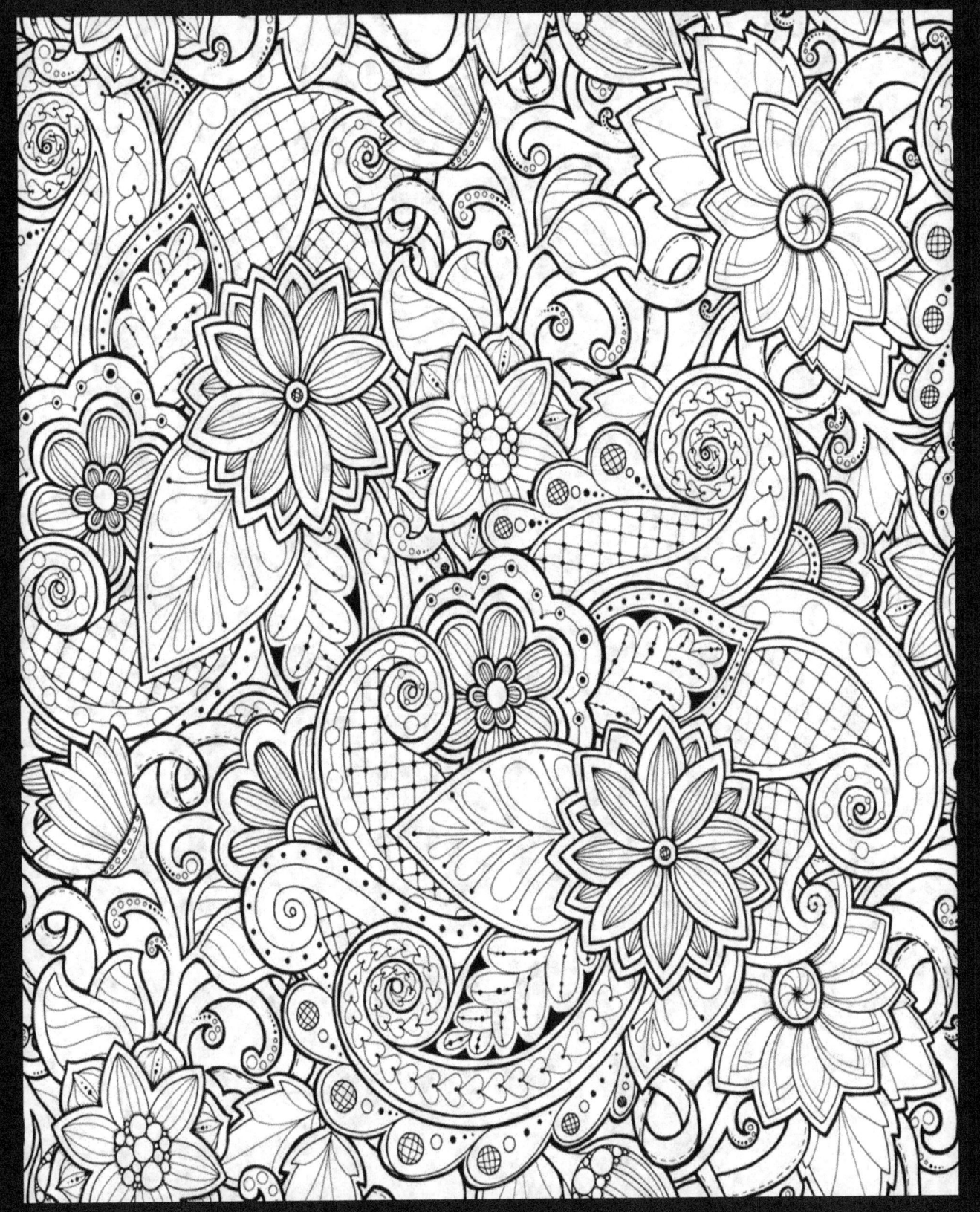

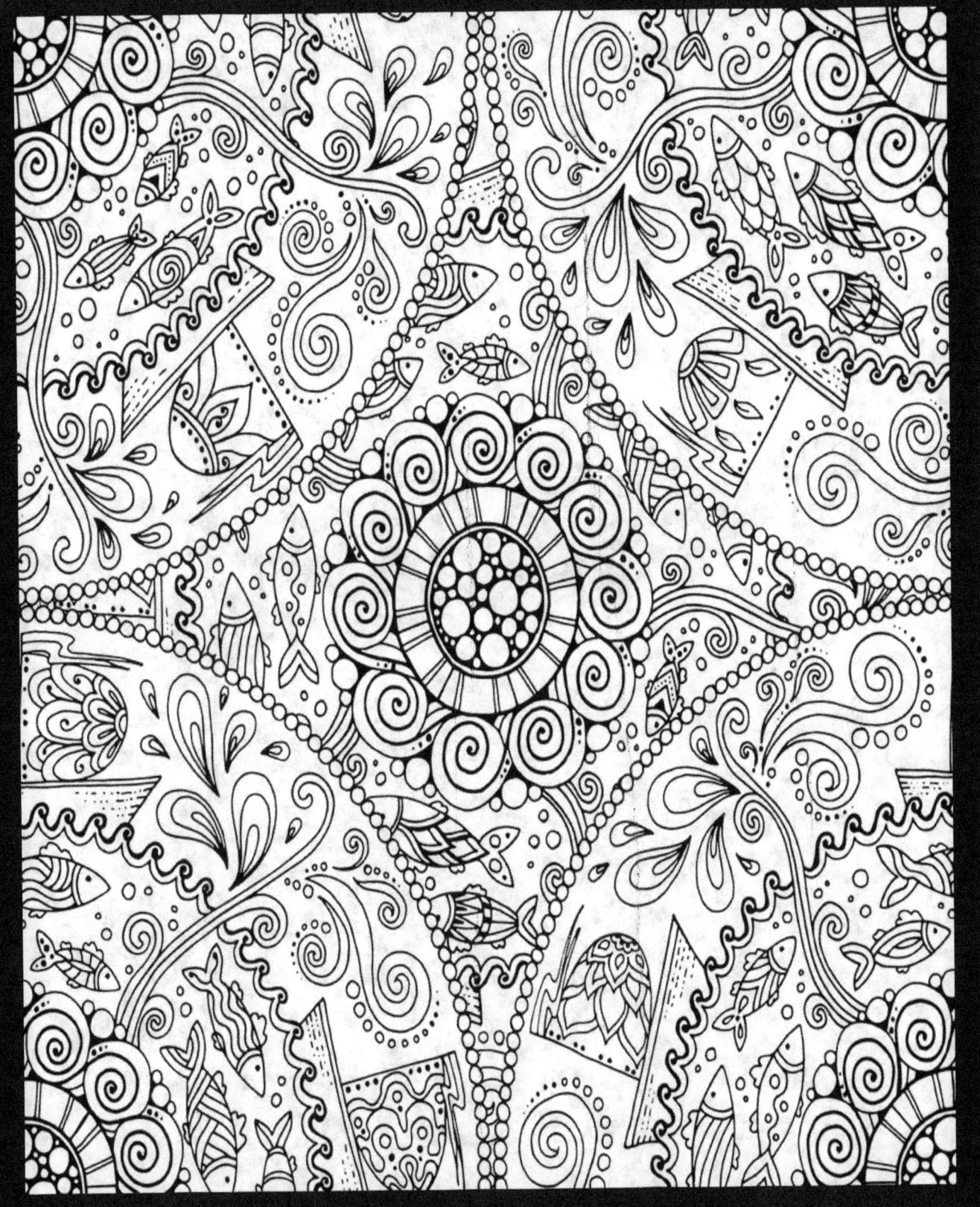

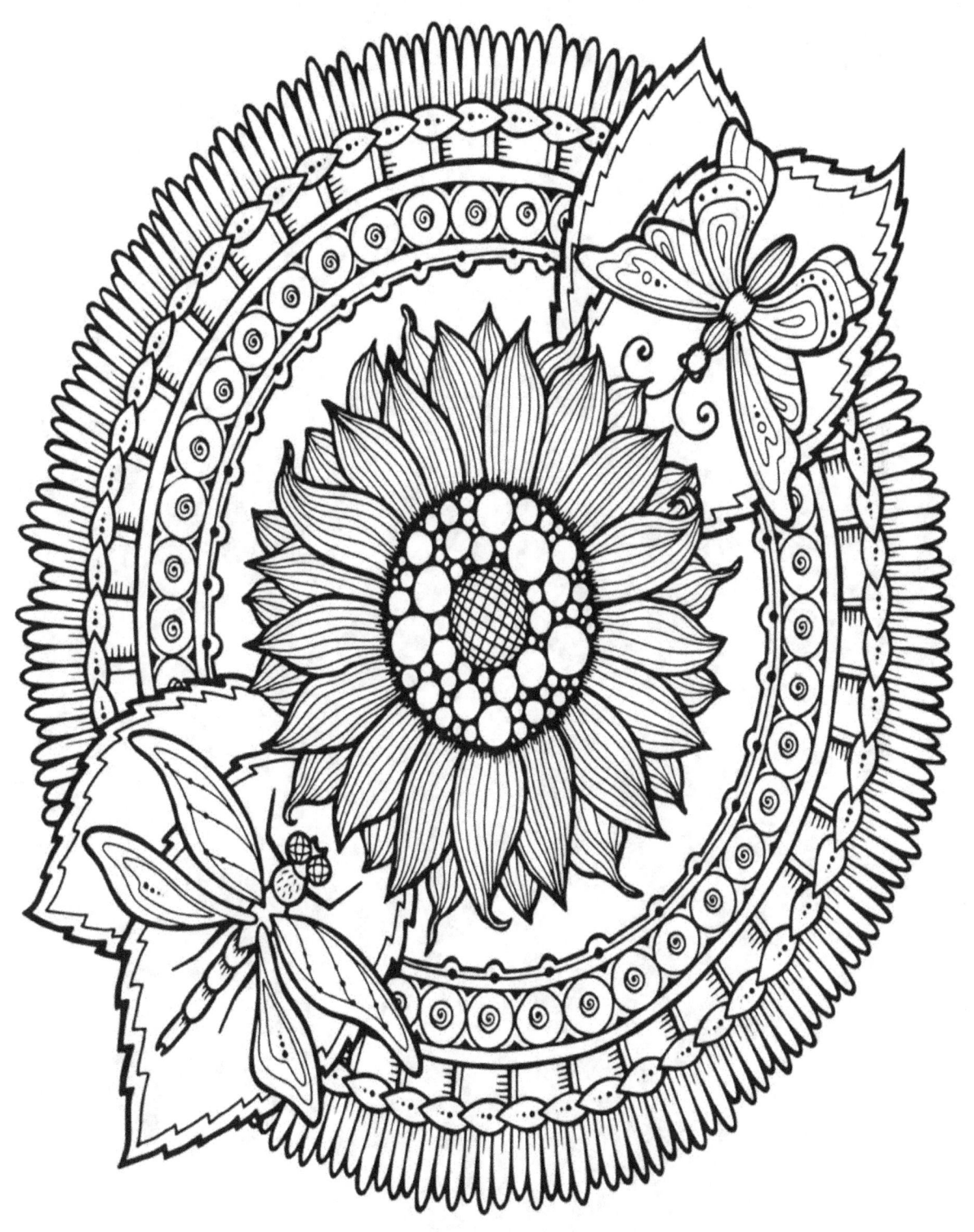

www.ingramcontent.com/pod-product-compliance
Lightning Source LLC
Chambersburg PA
CBHW080506220526

45465CB00006B/2397